T0178855

CADÁVER
DE IMPECABLE
APARIENCIA

José Luis Navajo

CADÁVER DE IMPECABLE APARIENCIA

Todos valemos mucho más que el
peor error que hayamos cometido

ORIGEN

Penguin
Random House
Grupo Editorial

Primera edición: abril de 2021

© 2021, José Luis Navajo Ayora
© 2021, Penguin Random House Grupo Editorial USA, LLC
8950 SW 74th Court, Suite 2010
Miami, FL 33156

Diseño de cubierta: Chris Ward
Fotos de portada: OPOLJA / Shutterstock.com
Fotografía de autor: Cortesía del autor

A menos que se indique lo contrario, las citas fueron tomadas de NTV (Nueva Traducción Viviente) La Santa Biblia, Nueva Traducción Viviente, © Tyndale House Foundation, 2010. Todos los derechos reservados y RVR 1960 - Versión Reina-Valera 1960 © Sociedades Bíblicas en América Latina, 1960. Renovado © Sociedades Bíblicas Unidas, 1988. Otras versiones utilizadas: BLP (Biblia La Palabra) La Palabra, (versión hispanoamericana) © 2010 Texto y Edición, Sociedad Bíblica de España. DHH (Dios Habla Hoy) Dios habla hoy ®, © Sociedades Bíblicas Unidas, 1966, 1970, 1979, 1983, 1996. NVI (Nueva Versión Internacional) Santa Biblia, NUEVA VERSIÓN INTERNACIONAL® NVI® © 1999, 2015 por Biblica, Inc.®, Inc.® Usado con permiso de Biblica, Inc.® Reservados todos los derechos en todo el mundo. LBLA (La Biblia de las Américas) Copyright © 1986, 1995, 1997 by The Lockman Foundation PDT (Palabra de Dios para Todos) © 2005, 2008, 2012, 2015 Centro Mundial de Traducción de La Biblia © 2005, 2008, 2012, 2015 Bible League International

ISBN: 978-1-64473-323-3

Impreso en Estados Unidos / *Printed in USA*

ORIGEN es una marca registrada de Penguin Random House Grupo Editorial

21 22 23 24 25   10 9 8 7 6 5 4 3 2 1

Índice

AGRADECIMIENTO DE HONOR

Puedo estar equivocado, pero creo que suscito el afecto de las personas, especialmente de las personas desconocidas, tal vez porque a mí no me importa serlo: ser conocido o desconocido no me aporta nada, pero saberme querido me lo da todo.

No deja de asombrarme que los lectores se extrañen cuando contesto uno de sus mensajes o respondo a algún comentario. Me sorprende su sorpresa cuando les envío un abrazo: «¡Me sentí honrado!», me dicen. «¡Qué honor y privilegio que usted me responda!», exclaman. No es su honor mi interacción; es el mío que ellos me escriban.

Hace tiempo decidí que, si alguien me regala una parte de su vida al leerme o al escribirme, se merece una parte de la mía en la respuesta; es por eso que, salvo omisión involuntaria, respondo personalmente a todos los mensajes. No siempre puedo hacerlo de inmediato, pero procuro hacerlo siempre. En definitiva, adolezco de mil dudas, pero hay unas pocas certezas que, para mí, son esenciales: debo mucho a mis lectores; en realidad no sería nada sin ellos y —lo que más claro tengo— ellos y yo nada seríamos sin Él. Por eso recurro cada día a su costado; es mi domicilio preferido. Necesito que su latido sea mi música; su abrazo, mi manantial; su presencia, mi musa.

Así que deseo inaugurar este libro con un «¡gracias!» sentido y sincero para cada persona que destapa mi obra y se sumerge en sus páginas.

¡Gracias, de corazón!

Quiera Dios que este pequeño mar de tinta sea una puerta de entrada a su océano de gracia.

Confiésense los pecados unos a otros y oren
los unos por los otros, para que sean sanados.
La oración ferviente de una persona justa tiene mucho poder y da resultados maravillosos.

SANTIAGO 5:16 (NTV)

Con frecuencia lo que nos ayuda a cumplir
nuestro propósito no es lo que recibimos,
sino lo que tenemos el valor de rechazar.

LARGUÍSIMA PERO ESENCIAL DEDICATORIA

Hoy escribo en el jardín. Delante de mí, tengo un vaso con rosas amarillas. Al cortarlas hace un momento, me invadió la sensación de estar amputando a un ser vivo. Tuve que recordarme que ya llevaban cuatro días coronando el tallo, y seguramente la brisa hoy las deshojaría: las amarillas son mis flores preferidas, pero también las más efímeras de la rosaleda. A mi derecha se alza la adelfa cuajada de flores blancas. Bajo una capa de exótica belleza oculta su toxicidad, igual que muchas personas. Si giro la silla hacia la izquierda, mi vista se relaja con el espeso tapiz de césped; la tierra no se ve, solo la mullida y verde alfombra punteada de amarillo.

Ningún ruido llega hasta aquí; ni el canto de las aves que parecen haber hecho un pacto de silencio. La tarde es un remanso. Tan perfecta es que produce la impresión de que se hará perpetua y hoy no anochecerá, pero la luna, ya crecida, comparece en el lugar debido reclamando su turno. Se adivina que la noche también va a ser hermosa.

Y aquí estoy, distraído con tanta belleza. Retrasando el momento de enfrentar el folio en blanco que aguarda sobre la mesa, aunque sé que finalmente volcaré sobre él mi alma y lo emborronaré con la tinta que destila mi corazón.

¿A quién escribo? ¿A quiénes dedico este libro? A gente muy semejante a mí: sencilla, hasta ordinaria… Pero con una vocación extraordinaria. A los que salieron de sí mismos, decididos a tender la mano a quien lo necesita y, aun enfrentando sus guerras, deciden convertir el dolor propio en sonrisa ajena. A ellos dedico esta historia.

Este mensaje es para ti, que lanzas con ilusión la red, esperando extraerla rebosante de vida. Y también para ti, que la arrojaste ya mil veces y, muy pocas, la extrajiste cargada... Una red vacía pesa tanto... La vaciedad es un lastre que nos puede aplastar. Es para ti, que miras al cielo y suplicas que se abran sus fuentes para regar los surcos que cavaste con entusiasmo y ahora contemplas con desilusión. ¡No desmayes, por favor! ¡Alza la mirada! ¡Mira el horizonte! ¿Puedes ver el sol redondo y rojo que ya escala por el este? ¡Se acerca el alba! ¡Te saluda un nuevo día!

Es mi oración que estas humildes páginas se conviertan en abrazo que conforte tu ánimo o, mejor aún, en dedo índice que apunte a Su Corazón, allí se disuelve la ansiedad en vapores de paz. ¿Reservarás un momento para adentrar tus ojos hasta el fondo de mis palabras? Será este mi parto literario número veinticinco y de sobra sé que, como mis anteriores hijos, también llevará mi sangre y la genética mía.

Ahora bien, dado que he acostumbrado a mis lectores a verme en cada línea que escribo, me parece prudente advertir que lo ocurido al protagonista en esta historia —real, por cierto—, NO me ocurrió a mí y ruego a Dios que jamás me ocurra. Podrás ver, eso sí, retazos de mi vida en la periferia de la narración; quiera el Señor que llegues a encontrar esa porción de José Luis que yace entre las líneas.

Es para ti este libro lleno de honestidad y que, sin ser autobiográfico, contiene la historia de cientos que se quebraron hasta el límite, pero tuvieron el acierto de llevar sus pedazos al taller del Alfarero. Siempre el excelso Artesano convierte las ruinas en obras de arte y los escombros en un palacio.

¿Te rompiste? ¿Te hiciste pedazos? ¿Arruinaste tu red de pescador o quemaste tu barca? Él te aguarda. En su mirada no hay ápice de juicio, sino amor en estado puro. Sus manos no sostienen un látigo, sino que portan heridas, y cada una te grita: *Ven a mí, yo te amo. Te haré descansar.*

Es para ti este libro.

Y la gloria... toda ella, por supuesto, es para Él.

INTRODUCCIÓN

Fui cordialmente invitado por la muerte y acepté la cita. Debo decir, en mi defensa, que no sabía que ella era mi anfitriona, pues se camufla de forma tan prodigiosa que aparenta ser la misma vida y ejerce un magnetismo irresistible. No son excusas. La culpa fue solo mía y mías fueron también las consecuencias, aunque he de reconocer que no solo yo fui afectado. Algunos errores dejan graves secuelas y provocan severos daños colaterales.

Toda transgresión es nociva, pero hay pecados que viajan acompañados de un siniestro cortejo fúnebre y provocan sismos capaces de desmoronar la familia y demoler el círculo próximo. Ahora estoy muerto, pero solo yo lo sé. Me desplazo en un sepulcro de lujo, soy un cadáver de impecable apariencia.

Parte 1

CONOCIENDO AL GIGANTE

UN CADÁVER
DE IMPECABLE APARIENCIA

Sí, soy un cadáver, aunque creo que cuantos me miran no lo perciben. Jamás estuve tan activo, aunque nunca estuve tan muerto. La actividad es un magnífico disfraz para la falta de vida.

Recorro el mundo de extremo a extremo impartiendo conferencias, despertando conciencias, enmendando vidas y emocionando a personas, pero temo que mi conciencia está cauterizada, mi vida torcida y mis emociones infectadas.

¿Es posible moverse embutido en un elegante ataúd? Lo es. ¿Cabe la posibilidad de que uno disfrute de una asombrosa apariencia, pero esté muerto en esencia? Cabe esa posibilidad. Créeme, no te hablo desde la ciencia, sino desde la experiencia misma.

Hoy, en la puerta de embarque del aeropuerto, pude percibir que nadie nota que soy un finado. Abordé el Airbus A350/900 que me conducirá hasta Dallas para atender a mi próximo compromiso ministerial, y capté las miradas de algunos, mientras subía a la aeronave por la puerta de acceso prioritario. Se fijaron en mi jersey de Emporio Armani y en mis jeans marca Gucci y solo vieron ropa cara, pero no pudieron apreciar que esas prendas eran mi mortaja. El sudario de un difunto. Mientras ocupo mi plaza en el avión, reflexiono en que pocos saben que este será mi último vuelo y, las que impartiré en Dallas, mis conferencias finales.

CONOCIDO, RECONOCIDO... DESCONOCIDO

Soy pastor en una iglesia que cada domingo congrega a una multitud. Es un templo bien conocido en la ciudad, y, como ocurre en estos casos, si la iglesia es conocida, su pastor también lo es.

Hoy, con la perspectiva que el tiempo confiere a las cosas, puedo ver la serie de errores que encadené. Tuve mil opciones de equivocarme y demasiado bien las he aprovechado. Uno de mis grandes fallos fue permitir que la popularidad me deslumbrase. Dicen que es posible morir de éxito y sospecho que es verdad. No es que el éxito te mate, pero es como un fogonazo que, lejos de alumbrar, deslumbra. Una luz que ciega, en vez de iluminar el sendero; en consecuencia, uno no ve los desniveles y se desliza hacia el barranco. Tuvo razón quien dijo que el éxito hay que ingerirlo con prudencia, pues tiene un alto componente etílico que se sube al cerebro y nubla la visión.

¿De qué sirve ser conocido y reconocido si no hay sosiego en el alma? La popularidad y la fama son como gloria en calderilla: suena mucho, pero vale poco, y, al igual que la calderilla, pesa tanto que se convierte en rémora que impide el avance. ¡Cuidado con las medallas! Pueden doblegar nuestra cabeza y hasta quebrar nuestra espalda.

Ahora percibo con meridiana claridad que hay algo más importante que ser célebre. La historia está llena de héroes anónimos, cuyos nombres jamás engrosaron listas de notoriedades, pero en el cielo son respetados. Por el contrario, y no sonrío al escribirlo, abundan quienes aquí son estrellas rutilantes, y allí se atreverán a gritar: *Señor, Señor, ¿no profetizamos en tu nombre, y en tu nombre echamos fuera demonios, y en tu nombre hicimos muchos milagros?*[1]

---

1 Marcos 7:22 (RVR 1960)

No deja de impresionarme que esas personas exhibirán ante Dios trofeos ostentosos: profecías, milagros, exorcismos... ¡Magníficas credenciales! Está registrado que, ante tal jactancia, Dios replicará: *Nunca los conocí...*[2]. Me asombra lo poco que Dios se asombra. Tales laureles dejan a Dios indiferente. Es evidente que lo más aplaudido en la tierra es peor que lo más mediocre del cielo.

Nunca los conocí, replicará el Altísimo. Me estremece esa respuesta. Populares en la tierra, desconocidos en el cielo. Estrellas aquí, anónimos allí. Funcionaron en lo espectacular, olvidaron lo esencial. Asombrosa actividad, pésima intimidad. Ocuparon pedestales y no construyeron altares. Se dieron a conocer, pero Él no los conocía. No dice «fueron conocidos, pero luego se desviaron». Dice *NUNCA los conocí*. No fue que brillaron para luego apagarse; no fueron renombrados y su nombre se extinguió.

Dice: nunca, nadie, aquí... los mencionó. En la tierra fueron reconocidos, pero en el cielo, desconocidos. Hoy puedo decir que es posible. Lamentablemente posible y terriblemente frecuente. No juzgo a nadie. Estoy relatando mi historia.

ACARICIANDO EL CIELO, PERO ARRASTRADO EN LA TIERRA

Hoy soy tan solo uno más de los trescientos cuarenta y ocho pasajeros que llenan esta aeronave, pero ocupo espacio en el selecto grupo de treinta y uno que viaja en clase ejecutiva, en un asiento amplio e individual, pegado a la ventanilla y aislado de casi todo.

Mientras el resto del pasaje ocupa sus lugares, reclino un poco la butaca y saboreo plácidamente la bebida de cortesía

---

2 Marcos 7:23 (RVR 1960)

que me sirvió la azafata, a la vez que voy eligiendo el menú a degustar durante la travesía. Por delante tengo ocho mil kilómetros que recorreremos en poco menos de diez horas, pero ni la distancia ni el tiempo son un problema. Leeré, escribiré, veré alguna película y dormiré.

Siempre hace calor hasta que el avión toma altura, así que antes del despegue me quito el jersey y lo doblo cuidadosamente. Pronto precisaré arroparme con el cálido edredón que la aerolínea me proporciona, pero, por ahora, estiro mis piernas y me relajo.

Apuro el contenido de la copa, la entrego a la sonriente azafata, abrocho el cinturón de seguridad, cierro mis ojos y descanso.

Los motores rugen con fuerza y, en el potente arranque, me siento absorbido por la butaca. Enseguida el avión rueda por la pista y se sacude antes de alzar el morro e iniciar su ascenso en la atmósfera de las afueras de Madrid. ¿Destino? Un cielo inquebrantablemente azul.

Sigo con mis ojos cerrados durante cuatro o cinco minutos, hasta que el avión alcanza su altura de crucero y el capitán saluda e imparte algunos detalles acerca de la travesía que nos aguarda. Estamos en una cabina hermética, pero los cincuenta y un grados bajo cero del exterior comienzan a notarse en el interior, por lo que tomo el edredón, me arropo y reclino totalmente el respaldo hasta convertir mi asiento en una cama. Aunque estoy tapado hasta la cabeza, siento frío, pero es una gelidez que trasciende al cuerpo e impregna el alma. Algo más profundo... Como si un cuchillo de hielo hurgase en mis entrañas.

Al llegar a Dallas me aguarda un baño de multitudes. Me escucharán con atención y reverencia, casi como a un gurú. Mis palabras afectarán vidas y también eternidades. Muchos tomarán decisiones al calor de mis consejos. Estrecharán mi mano entre las suyas, me darán las gracias y cambiarán conductas.

Pero, entonces, ¿por qué vuelvo a percibir esa incómoda sensación en mi interior? ¿A cuento de qué esa inquietante percepción que me muerde las tripas? Es como si mi alma estuviera herida. Solo quiero paz. ¿Por qué no logro paladear con delectación y en calma los éxitos que acumulo? Tengo todos los elementos con los que la mayoría sueña, ¿por qué a mí me saben a pesadilla? Miles querrían vivir mi vida y, sin embargo, yo me siento como muerto.

Tengo la respuesta a esas preguntas. Conozco bien la razón y me dispongo a narrártela.

LO QUE TUMBA A LA SECUOYA

Antes de entrar en mi historia, permíteme que te cuente algo. Prometo no castigarte con una árida disertación. Tengo la certeza de que es importante que conozcas lo que estoy a punto de explicarte. De hecho, mejor que narrártelo prefiero que lo veas. Ven conmigo, por favor, deseo presentarte a un niño.

¡Allí está! ¿Puedes verlo? Está sentado en la acera y con su espalda apoyada en la pared. A su derecha, sobre el suelo, reposa un álbum de cromos, se trata de una colección de árboles y plantas de todo el mundo. Ese muchachito ama la naturaleza y por eso colecciona cromos adhesivos. El ochenta por ciento de su escasa paga semanal lo gasta en comprar esos sobres que luego abre con una expectación que raya la ansiedad, suplicando que no le salgan cromos repetidos, pues quiere completar cuanto antes la colección. En las tardes de verano, cuando disminuyen las obligaciones escolares, se pasa horas mirando la imagen de los árboles y leyendo sus características.

¡Mira! En este momento, frente a tus ojos, lo tienes en uno de los momentos culminantes de su vida: está a punto de descubrir el que ya para siempre será su árbol predilecto.

¡Obsérvalo! ¿Puedes verlo abriendo lentamente el pequeño sobre en el que encontrará cinco cromos? Desgarra el papel con extrema meticulosidad, casi como quien desarrolla un ritual sagrado. Muy despacio, introduce sus dedos índice y pulgar, que tiemblan levemente por la emoción, y, haciendo pinza con ellos, extrae las pegatinas. Siempre las saca por el reverso, para luego ir girándolas una por una, prolongando al máximo la emoción.

En este momento, está girando la primera de ese sobre. Contempla la imagen y sus ojos se abren desmesuradamente, luego la aleja un poco para ganar perspectiva; la examina cuidadosamente, mientras vuelve a aproximarla abriendo de asombro su boca. La manera en que la foto está enfocada le permite admirar la increíble magnitud de aquella especie vegetal. Queda tan cautivado que deja caer las otras cuatro cartas al suelo, sin siquiera haberlas visto. Ante sus ojos está el gigante de la naturaleza. Ya para siempre será su árbol preferido: ¡la secuoya roja!

Llevas rato sospechándolo, así que permíteme confirmarlo: ese niño soy yo. Han pasado muchos años, demasiados, pero conservo intacto mi amor por la naturaleza y también intacta conservo esa colección de cromos que logré completar y, de vez en cuando, releo.

Déjame que te hable de mi héroe en el mundo vegetal: los árboles más altos del mundo son las secuoyas rojas. Estos gigantes de la naturaleza son impresionantes coníferas que llegan a alcanzar ciento quince metros de altura y ocho metros de diámetro en la base. Sin embargo, su característica más relevante no es su majestuoso aspecto, sino su longevidad, pues llegan a vivir tres mil años.

Cuando indagamos en las razones de tanta altura y de una vida tan larga, encontramos dos causas fundamentales:

1. **Su hábitat**: se limita a una franja de setecientos kilómetros de longitud por entre ocho y hasta setenta y cinco kilómetros de ancho en la costa del Pacífico estadounidense, en los estados de California y Oregón. Los ejemplares de mayor altura y edad están en el Parque Nacional Redwood. Allí, cada nuevo ejemplar de secuoya que nace se ve rodeado de gigantes y, en su empeño por buscar la luz del sol, tiene que crecer y crecer. De este modo, la naturaleza confirma la gran verdad de que la calidad de la compañía que elegimos determinará nuestro crecimiento y la calidad de nuestra vida. El triunfo no depende esencialmente de nuestra capacidad, sino de nuestras asociaciones. Como afirma la sabiduría popular: «Dime con quién andas y te diré quién eres».

La gran salud de que gozan las secuoyas se debe a las condiciones de la zona; el aire fresco oceánico, que mantiene una niebla y humedad constantes, proporciona el ambiente idóneo para su desarrollo. Es una zona segura para los árboles.

Permíteme que insista en esto, porque es importante: una de las principales razones de la estatura y longevidad de la secuoya es la demarcación en la que nace y crece.

¿Te has fijado que los cuerpos y fuerzas de seguridad del Estado tienen autoridad solamente en la circunscripción de su país? Un agente policial puede, con solo levantar su mano, detener una fila interminable de potentes automóviles, pero si ese mismo policía abandona sus fronteras, pierde toda su autoridad. Él es el mismo, equipado con el mismo uniforme y armamento, pero salió de su frontera y perdió la autoridad.

Así de claro: si salgo de mi territorio, pierdo mi fortaleza. Las secuoyas requieren de ese hábitat limitado y pronto comprendí que lo mismo nos ocurre a cada uno de nosotros.

2. No es un tallo, sino un conjunto de troncos: esta es la segunda fortaleza del árbol. Lo que más contribuye a que las secuoyas resistan de pie tanto tiempo es su estructura: a partir de la raíz crecen troncos independientes que se mantienen pegados entre sí; si uno resulta dañado, los demás se siguen desarrollando y aportan savia al tronco que la necesita. La secuoya tiene dos elementos esenciales para alcanzar longevidad: el hábitat y la compañía. Si se mantiene dentro de la zona de seguridad y cada tronco forma parte de una comunidad de tallos, pervive. Si abandona ambas cosas, perece.

Ojalá hayas leído con atención el párrafo anterior, porque acabo de revelarte la razón de mi muerte.

Yo cometí dos errores: salí de mi demarcación y me aislé. Eso me mató.

Pero hay otro aspecto que debo destacar respecto a ese gigante de la naturaleza: su gruesa corteza, rica en taninos, protege a estos árboles del fuego y de los insectos. Ahora, aunque la gruesa corteza que cubre el tronco protege al árbol del fuego y de los insectos, hay una parte que es extremadamente vulnerable, y son las raíces. Se ha dado el caso de gigantescos ejemplares de secuoya que se vinieron abajo por el empuje de una mano o por una racha de viento no demasiado fuerte.

¿La razón? Durante años, pequeñísimos insectos fueron minando sus raíces y, aunque su aspecto era impecable, su interior ya era deplorable. El desplome se produce en un momento, pero toda debacle tiene un proceso de gestación.

Con lamentable frecuencia, asistimos a casos de atractivos ministerios que se vienen abajo o «sólidos» matrimonios que se descomponen, y nos preguntamos cómo es posible que, «de repente», algo tan magnífico se rompa.

¿Cómo pudo ser que una obra de arte tan sólida se quiebre de pronto? No fue de pronto. Nada ocurrió repentinamente.

Durante años y años fue deteriorándose la raíz del ministerio. Durante largo tiempo fue muriendo la relación en el matrimonio. Casi ninguna relación muere a causa de un alud, sino por un lento proceso de congelación.

El problema de la secuoya que se desplomó no estaba en las ramas, sino en las raíces y, aunque el gigante seguía extendiendo su frondosidad a una altura impresionante, lo cierto es que carecía de vida y la debacle era solo cuestión de tiempo.

Majestuosos por fuera, pero muertos por dentro. Elegantes ataúdes. Cadáveres de impecable apariencia. La infección no estaba en la parte visible, sino en esa área oculta a la vista: las raíces.

Ahora que sabes esto, es el momento de que conozcas mi historia.

LAS MANOS ENVUELTAS EN BARRO Y EL CORAZÓN LLENO DE PAZ

Tenía veintidós años cuando abordé la nave del ministerio. Dos cosas predominaban en mi equipaje en el momento de hacerlo: una mente llena de proyectos y un corazón que desbordaba ilusión. Aunque ambos elementos eran importantes, pronto comprobé que no suponían capital suficiente para la hipoteca que me tocaba enfrentar. Eran alas demasiado cortas para el vuelo que debía emprender.

Un tercer elemento se amalgamaba con los anteriores: temor en dosis gigantescas ante la posibilidad de no responder con dignidad a tan alto llamado. Un miedo que en ocasiones resultaba paralizante, pues daba paso a la sensación de no poder, no valer y no servir. Ese sentimiento llenaba mis días de vértigo y teñía mis noches de insomnio.

Me sentía extremadamente vulnerable, pero eso, lejos de ser un inconveniente, se convirtió en una ventaja. A menudo, solo una gran carga sobre nuestros hombros nos empuja a arrodillarnos. Ese fue mi caso, el peso de la responsabilidad me llevaba a mis rodillas implorando el auxilio del cielo. Al igual que en el ámbito natural se estiman la suficiencia y la capacidad, en el Reino de Dios la dependencia de Él es un valor cotizadísimo.

Mi sensación de dependencia se convertía en una autopista al cielo. El reconocimiento de mi incapacidad, lejos de ser un abismo, actuaba de plataforma que me alzaba a sus brazos. No me destruía, sino que me construía. No me hundía el reconocerme necesitado, solo me alzaba. Doblaba mis rodillas y buscaba el abrazo de Dios. Tenía para ello un pequeño cuarto habilitado cerca del dormitorio, una habitación minúscula, creo que concebida en origen para que cumpliese las funciones de reducida despensa, pero que yo destiné a lugar de estudio y oración. Todo el mobiliario del cuarto consistía en una mesa pegada a la pared y una silla que, en cuanto la separaba un poco, chocaba con el tabique de atrás. Sobre esa mesa, estudiaba la Biblia y luego oraba; una alfombra bajo mis rodillas y el corazón de Dios como almohada. Así digería la porción sagrada que antes había ingerido.

Mi tiempo predilecto siempre fue el amanecer. Antes de que la primera luz se filtrase por las rendijas de la persiana, me levantaba y acudía a la oración. A menudo, Rebeca, mi esposa, al despertar y no verme en la cama, venía hasta la minúscula habitación y me arropaba con una manta para protegerme del frío. Nunca me reprochó que la desvelase; sabía bien que esos tiempos afinaban mi vida y ordenaban mi jornada. Sobre las rodillas, todo adquiría equilibrio. Me sentía amado por Dios y ese sentimiento suponía una inyección de serenidad en mi alma. Por otro lado, recibir tanto amor en el tiempo de oración, me ayudaba a amar a aquellos a quienes debía servir. Con frecuencia, recordaba las palabras de uno de mis profesores cuya sensibilidad siempre me admiró: «Es posible servir sin amar, pero es imposible amar sin servir. Servir sin amor convierte el servicio en trabajo y el privilegio en pesada carga. Ese amor se renueva en la oración y en ella hallarán también dirección. Pidan rumbo y guía en la oración; acudan con insistencia al altar, porque mejor son las marcas en las rodillas que las marcas en el corazón».

El recuerdo de ese consejo me movía a renovar mi amor en la fuente inagotable.

Con frecuencia, rememoraba la historia que se atribuye a Pablo Casal, quien ha sido, probablemente, de los mejores violonchelistas de todos los tiempos. Se cuenta que cuando cumplió los ochenta y cinco años alguien le preguntó: «Señor Casal, si usted ha sido reconocido entre los diez más perfectos violonchelistas de la historia, ¿por qué a sus ochenta y cinco años sigue practicando ocho horas diarias?»

Se dice que el maestro se encogió de hombros y respondió lacónicamente: «Porque noto que hago progresos». Y, tras un oportuno silencio, añadió: «Si dejo de practicar un día, lo noto yo; si dejo de practicar tres días, lo nota mi círculo más íntimo; y si dejo de practicar una semana, lo nota mi público».

Yo estaba convencido —y ahora lo estoy aún más— de que la intimidad con Dios condiciona todas las áreas de la vida. Tras conversar con Él, soy mejor esposo, un pastor más efectivo y mejor ciudadano en general. Por esa razón, hablar con Dios se convirtió en mi necesidad ineludible. Mi rincón de oración era mi domicilio. Todo lo consultaba con Él, y no era solo el temor lo que me empujaba a sus brazos, era amor genuino. La comunión con Dios se convierte en un hábito que genera dependencia. Algo así como una polidipsia que te obliga a beber más y más de esa agua cristalina, salutífera y reconfortante.

Dos grandes resultados obtuve en ese tiempo: por un lado, me sentía renovado, fresco y alimentado en mi espíritu; la proximidad con Dios lo simplifica todo, aun lo más complejo, y esa comunión constante me hacía vivir con una confianza plena en que Él tenía el control de mi vida. La segunda consecuencia fue que siempre tenía alimento nuevo y nutritivo para la congregación. De esta intimidad surgía la Palabra con la qué alimentar a la iglesia. Era algo tan sencillo y sublime, como sentarme cada día a los pies de Jesucristo y luego contarle al mundo lo que había visto; dejarme cautivar por Su belleza, paladearla y luego compartirla con otros.

En aquellos comienzos, tenía manos y pies enterrados en el barro de la sagrada labranza, y el corazón lo tenía envuelto en un hermoso manto de paz.

EL ROBLE QUE COBIJÓ AL ARBOLITO

Otra puerta que en aquellos días toqué con insistencia fue la de uno de mis profesores del seminario. Él tenía sesenta y cuatro años cuando lo conocí y yo, dieciocho. En él se cumplía el dicho de «Plata en la cabeza y oro en el corazón» —aunque en sentido riguroso, no había abundante plata en su cabeza, pues era de cabello muy escaso, por arriba casi inexistente y lacio en su nuca.

La primera vez que lo vi me impresionó mucho, y eso a pesar de que me habían prevenido del impacto que me causaría: «Andrés te gustará —me aseguraron varios alumnos de segundo y de tercer año—; es el mejor profesor del seminario. Ama tanto las materias que imparte, que termina enamorándote de ellas». Así que cuando aquella mañana aguardaba en el aula a que el maestro llegase, sentía expectación y un punto de impaciencia.

Al abrirse la puerta, dándole entrada, lo primero que me sorprendió fue su sonrisa; puedo asegurar que iluminó el día gris y otoñal. Lo segundo, fue la música en su voz al saludarnos. No era solo alegría, sino felicidad contagiosa, y lo que captó mi atención de lleno fue la silla de ruedas sobre la que se desplazaba. Nadie me había advertido que Andrés no podía caminar, probablemente, porque él se comportaba con tal naturalidad que nadie veía una discapacidad en la limitación que padecía. Luego de 10 minutos observándolo, tuve la seguridad de que acababa de conocer a una de las personas más importantes de mi vida.

Al principio, me intrigó y pregunté con discreción a unos y a otros. Supe que era pastor desde los diecinueve años y que a los treinta y cinco sufrió un accidente de motocicleta que lo subió, para siempre, a una silla de ruedas. Al parecer, ese episodio lo sumió en una grave depresión que duró largo tiempo, pero poco más se sabía del incidente. Por lo visto —y eso es algo totalmente comprensible— no era un tema del que le gustase hablar a Andrés. También averigüé que se casó bastante tarde y nunca llegó a tener hijos.

Aunque de baja estatura, causaba una gran impresión inmediatamente, porque su personalidad irradiaba una autoridad y dignidad que él desconocía, y creo que eso agrandaba su prestigio e influencia. Vestía extremadamente clásico: tenía dos trajes y usaba uno cada semana. Durante los cinco días lectivos, solo variaba de camisa, siempre a cuadros, y en ocasiones de corbata, pero chaqueta y pantalón eran los mismos de lunes a viernes.

Su historial académico estaba jalonado por más títulos y reconocimientos de los que él mismo era capaz de recordar, pero nunca hizo ostentación de ello. Demostraba que quienes portan los mayores tesoros suelen llevarlos en silencio y que las grandes obras se reivindican solas y no precisan la ayuda del autor.

Yo buscaba ocasiones para conversar con él y siempre salía de ellas sintiendo que había crecido, pero mi dichosa timidez hacía que esas oportunidades fueran escasas. Más adelante —mucho más adelante— logré vencer mi introversión y conseguí un abatimiento de barreras que, finalmente, se tradujo en relación muy cercana; de hecho, solicité a él y a la institución que me nombraran conductor oficial de su silla de ruedas —cosa que Andrés no precisaba, pero yo sí quería— y, a pesar de su oposición inicial, terminé llevándolo a todo lugar y así fui escuchando sus pensamientos y sus juicios, anotando el resultado de su larguísima y anchísima sabiduría, tan útil para todos. Me transformé, de voluntario algún rato a la semana, en un asiduo sin sueldo. Más tarde, por sugerencia de él, la dirección me eximió del pago de mis cuotas académicas, dijeron que por el servicio que estaba prestando. Pero la gratuidad de mis estudios no fue lo más gratificante para mí; mi mayor regalo fue el privilegio de tenerlo no solo como profesor, sino también, y pese a nuestra diferencia de edad, como amigo De estudiante de seminario, pasé a ser discípulo de Andrés y luego, creo, me adoptó como hijo.

Cuando asumí el pastorado, él contaba con sesenta y ocho años de edad y cuarenta y nueve de servicio que le proporcionaron un inmenso capital de sabiduría, que no es otra cosa que el conocimiento refinado por el tamiz de la experiencia.

Andrés tenía en su haber muchos triunfos y también derrotas. Portaba incontables cicatrices, algunas de ellas muy profundas. No hablo de arañazos, sino de auténticos desgarrones, pero supo convertir las cicatrices en renglones que ahora desbordaban sabiduría, y tuve el enorme privilegio de leer tales renglones y beber de esa fuente de sabiduría. Las marcas del ministerio eran como galardones que portaba con humildad y enorme dignidad. Insisto en que creo que él era ajeno a la autoridad que irradiaba, y eso lo convertía en un delicioso maestro que exhalaba sencillez. Dicen que el orgullo apesta y aleja a los demás, mientras que la humildad ejerce un magnetismo irresistible, por eso todos querían estar cerca de Andrés, porque los hacía sentir bien y por todos se preocupaba: era una de esas personas capaces de convertir el dolor propio en sonrisa ajena, uno de esos alquimistas del alma que tragan hiel y la convierten en miel... ingieren lo más negro y lo transforman en oro terapéutico.

En él se concretaba esa verdad de que uno crece cuando se enfrenta al invierno, aunque pierda las hojas; recoge las flores, aunque tengan espinas; y marca el camino, aunque se levante polvo.

«No es popularidad, es fidelidad —insistía en decirnos—. No es deslumbrar por un momento, sino alumbrar toda una vida... Una vida con sus altos y sus bajos, primaveras e inviernos. ¡Eso es fidelidad! —sonreía luego con una limpia luz en su mirada, y añadía—. No me fío de los despegues meteóricos. Me gustan más las trayectorias estables. Ya he visto suficientes fuegos artificiales... Prefiero la sencilla pero constante luz de una vela».

Y él la tuvo y la mantuvo, por eso ahora cada una de sus cicatrices gritaba tres mensajes: «Dolió. Sanó. Soy agente de sanidad». El conjunto de sus marcas supuso para mí un mapa que me condujo a posiciones esenciales en mi desarrollo.

Visitaba a Andrés con mucha frecuencia. Ser conductor oficial de su silla de ruedas me concedió el privilegio de leer en sus cicatrices y beber de su experiencia. En definitiva, Andrés fue como un roble que me adoptó bajo su sombra y me guio en el crecimiento. Eso me llevó a asumir la firme

certeza de que todos necesitamos un padre espiritual. La or-
fandad ministerial mata. ¡Qué lástima que luego lo olvidase!
Pagué un alto precio por tal descuido.

MEJOR EN EQUIPO

Algo que daba un valor añadido a esos encuentros era que
otros alumnos también lo visitaban. Andrés y Querit, su esposa, buscaban la manera de reunirnos en su casa; ella horneaba unas deliciosas galletas y pasábamos juntos la tarde
saboreándolas, tomando café y bebiendo el néctar que la experiencia de aquel hombre nos aportaba.

Un día la voz de Querit me sorprendió cuando estaba a
punto de llevarme la taza de café a la boca:

—¡Espera! —casi gritó—. ¡Deténte ahí!

Sobresaltado, detuve la taza entre el platillo y mis labios.

—Mantén la taza ahí, por favor... —dijo ante la mirada divertida de Andrés y el gesto sorprendido de todos mis
amigos.

Obediente, mantuve el brazo en el aire conteniendo mi
perplejidad. Ella invitó al resto a que siguiesen disfrutando
de la merienda. Debieron pasar tres minutos y ella se volvió
hacia mí para preguntarme:

—¿Notas algo en el brazo que sostiene la taza?

—Lo noto muy cansado —reconocí con la cordialidad
justa e intentando que una sonrisa poco sincera ocultase mi
incipiente enfado.

Sin reaccionar a mi respuesta y casi con indiferencia, tomó
una galleta y siguió conversando con el resto. Un malestar
interior me hizo sentir calor. Al cabo de otros tres minutos
fue Andrés el que interrogó:

—¿Qué tal va ese brazo?

—Me duele —ya era evidente un punto de irritación en mi voz.

—Perdona que te haya elegido como conejillo de indias —la voz de Querit rezumaba disculpas—, pero queríamos enseñarles algo muy importante, y ya sabes el lema pedagógico: «Oigo y olvido; veo y recuerdo; hago y aprendo». Por eso quise ilustrarlo y fuiste tú el elegido —rio—. Gracias por ayudar a que se grabe, en todos, un principio de mucho valor...

—Efectivamente —afirmó Andrés—, se trata de los GAS (Grupos de Apoyo y Sabiduría).

Todos lo miramos sorprendidos, mientras Querit invitó a acercarse a Rubén, uno de los compañeros, y le pidió que sostuviese mi mano que, agotada, empezaba a temblar. En cuanto Rubén puso sus manos bajo la mía, dejé reposar mi brazo en ellas y experimenté un inmenso alivio.

—La taza es tan pequeña que hasta un niño podría levantarla —explicó Andrés—, pero cuando la sostenemos durante largo rato, aparece una molestia que va incrementándose hasta adquirir el tono de dolor, que se convertirá en verdadera tortura si persistimos en cargarlo por mucho tiempo.

—Creo que nuestros amigos se preguntan adónde queremos llegar con esto —afirmó Querit.

—Estoy seguro de ello —admitió Andrés—, por eso aquí va la explicación: todos tenemos un límite, no solo respecto a lo que podemos hacer, también en lo relativo al tiempo durante el cual podemos hacerlo. En definitiva: todos necesitamos otras manos que sostengan la nuestra y periodos de reposo en la actividad.

—Ahí es donde intervienen los GAS —recitó Querit—. No lo olviden, no se aíslen, busquen personas que los acompañen en el camino; no solo lograrán ser más rentables, sino que también estarán protegidos. La amistad con compañeros no es únicamente un privilegio, es un seguro de vida. Cuando estás siempre solo, estás en mala compañía.

—A medida que se avanza en el ministerio, se tiende al aislamiento. Pocos oficios son tan solitarios como el de pastor y líder eclesial —Andrés hizo una larga pausa que ganó toda nuestra atención—. Cada ministro tiende a considerarse pintor de su propio lienzo, escultor de su particular mármol y un músico de su exclusivo piano —nos miró uno por uno y solo cuando dejó resbalar la mirada sobre el rostro del último de nosotros, concluyó—: sean un poco menos artistas y un poco más humildes. Intégrense. Sumen fuerzas.

Hizo girar las ruedas de su silla para aproximarse lo suficiente y tocar el hombro de quien estaba sentado a mi lado y le dijo: «Samuel, David tiene eso que a ti te falta. David —me miró con intensidad—, a tu amigo Samuel le sobra eso de lo que tú adoleces. Vuestras diferencias no son rivalidades, sino complementos. Aun cuando lleguen a pastorear iglesias diferentes, no sean nunca competidores y mucho menos adversarios: ustedes son un equipo».

Muchas veces, al verme rodeado de aquel grupo de amigos, recordaba mi álbum de cromos de plantas del mundo y mi héroe vegetal: la secuoya roja; no era un tronco, sino un conjunto de fuertes tallos lo que aupaba al gigante.

Las reuniones con Andrés en torno a la taza de café no eran lo único que me nutría, sino que a cualquier hora y por cualquier razón podía llamarlo, incluso a horas imprevistas lo despertaba para compartirle mis desvelos.

Hoy comprendo que me comporté con egoísmo, pero él nunca me reprochó por mi importunidad. Ni siquiera ese día en que, después de predicar, llegué a casa muy desanimado: había preparado con ahínco e ilusión una reunión especial de oración. Utilicé todos los mecanismos de promoción posibles; reté, animé, ilusioné... Todo lo imaginable y cosas difíciles de imaginar se implementaron para que la iglesia acudiera ese día a orar. Llegado el día, apenas un tercio de la congregación acudió a la cita y los pocos que acudieron tuvieron una actitud tan indiferente que me pareció estar solo orando. Terminada la reunión, uno de los matrimonios que había acudido, fieles en todo, me informó que se cambiaba de ciudad y por ese motivo dejaría de reunirse con nosotros.

La noche amplifica los problemas y minimiza las bendiciones; esa noche mi mente era un hervidero de desdichas: esa familia que cambiaba de residencia suponía el diez por ciento de los ingresos por diezmo de la iglesia, era de las pocas familias fieles que no faltaba a ninguna actividad y era, además, el cuarto matrimonio que se mudaba por causa de la precariedad laboral. En la cama, di mil vueltas, incapaz de conciliar el sueño. Desesperado, llamé a Andrés cuando los dígitos rojos de mi reloj marcaban las dos horas con cuarenta y cinco minutos de la madrugada. Con paciencia me escuchó y con ternura impregnada en autoridad me dijo: «Sé dónde estás, porque yo fui tú —su voz chorreaba empatía—. No te sientas mal por haberme llamado. Necesitar no es una debilidad; necesitar es un derecho, así que nunca te avergüences de pedir ayuda —luego me recordó que la mayoría de los fracasos que creemos haber sufrido son mucho más aparentes que reales—. Respecto a tu sensación de fracaso al predicar hoy, estoy seguro de que el mensaje que trajiste acercó bendición y sanidad a cuantos allí estuvieron. En cuanto a los que se marchan, puedes estar convencido de que cuando Dios borra es porque escribirá algo nuevo, y si permite que algo caiga de nuestras manos, no será para dejarlas vacías, sino para llenarlas de algo mejor. Dios nunca desperdicia una pena, sino que la convierte en riqueza. Hasta un naufragio —me dijo— es una oportunidad de reconsiderar si el rumbo que llevábamos acercaba nuestro barco al puerto correcto».

Luego, me dirigió en una oración que acercó el abrazo del cielo hasta mi cuarto y, por fin, pude dormir.

Dios fue bueno, muy bueno conmigo, mientras temblaba al intentar cuidar responsablemente de aquella iglesia. Sonrío al recordar que casi pasaba más tiempo de rodillas que caminando. Jamás hablaba una hora a la iglesia sin haber hablado varias horas con Dios. Aun en eso me acompañaba el consejo que Andrés nos daba a los estudiantes: «Homilética sin "rodillética" alimenta el cerebro, pero deja seca el alma». Así que, antes de hincar codos para el estudio, hincaba rodillas para la oración y, antes de abrir los manuales, abría mi corazón a Dios. Tenía mil preguntas y muy poquitas respuestas, y eso me hacía tocar insistentemente las puertas del cielo para hallar claridad a mis interrogantes.

He llegado a la conclusión de que al ver a alguien levantado por la mano de Dios, debemos saber que primero estuvo a Sus pies. Y lo mismo ocurre con la iglesia: una iglesia nunca será más grande que su altar, ni tendrá más vida que este. Mi altar estaba vivo, activo y frecuentado, y la Gracia de Dios se mostró de manera emocionante. En ese tiempo la congregación se multiplicó, y también mi ministerio. Y así discurrió aquel tiempo, entre la oración y la consejería que recibí de mi maestro.

Del mismo modo que con frecuencia la gracia viene envuelta en desgracia, la hecatombe puede camuflarse en el radiante disfraz del triunfo y la desgracia maquillarse con el brillo de la notoriedad. Entonces vino el desastre… La debacle llegó camuflada de éxito.

A José, el hijo del patriarca Jacob, la gran tentación no le sobrevino en la cárcel, sino en el palacio del altísimo funcionario llamado Potifar. Así ocurrió conmigo. ¡Qué gran verdad es que por cada cien hombres que soportan la adversidad, solo uno soporta la prosperidad! ¡Qué cierto es que la

Iglesia pierde más soldados en tiempo de abundancia que en épocas de escasez!

En el final de la historia, sí me parezco a José: al igual que él —aunque por motivos muy distintos— del palacio he pasado a la prisión. Una cárcel de oscuros secretos, negras confidencias e insufribles dosis de culpabilidad. Puedo comprender a David cuando declaró: *Mientras me negué a confesar mi pecado, mi cuerpo se consumió, y gemía todo el día*[3].

El éxito desplazó a la secuoya: la sacó de su demarcación y la separó de los robles que la protegían. Lo mismo me ocurrió a mí. Así comenzó mi muerte.

---

3 Salmo 32:3 (NTV)

Parte 2

EL DESPLOME
DEL GIGANTE

REGRESO A CASA

Cuando regresé de mi compromiso ministerial en Dallas, apenas hube cruzado la puerta de acceso al jardín de mi casa, Rebeca, mi mujer, corrió hacia mí con los brazos abiertos, pero se detuvo a escasa distancia y me miró con preocupación.

—¿Te encuentras bien, cariño? —me dijo—. ¡Estás pálido! ¡Tu rostro se ve desencajado!

—Tranquila, querida, solo estoy cansado.

—Deja que te ayude con la maleta —dijo tomando mi equipaje—. Pesa mucho. No me extraña que estés cansado...

No fue difícil convencerla de que mi abatimiento se debía al largo viaje que me devolvió de Dallas y a la intensa agenda que allí tuve. No quise decirle, al menos no todavía, que mi agotamiento tenía mucho más que ver con el alma que con el cuerpo, ni que la verdadera carga no iba en la maleta, sino dentro de mí. Tampoco quise mencionarle que no era agotado como me sentía, sino destruido.

Ya en el salón de casa, la besé y luego la abracé por varios segundos. Sentí desbocarse su corazón y eso hizo que el mío también latiera más deprisa. Se separó de mí apenas unos centímetros, solo lo justo para poder fijar sus ojos en los míos. Su mirada destilaba admiración, la que con mucha frecuencia repite que siente hacia mí, la que yo también le profeso a ella.

—Tienes ojitos de cansado —me dijo y, tras dos segundos de observación, aproximó sus labios a los míos. ¡Cuánto la amo! Y eso hace incomprensible lo que ha ocurrido y dificulta hasta el límite explicarlo. Separé mis labios.

—Te amo —le dije justo antes de volver a abrazarla.

Se quedó más tranquila y yo me dirigí a mi despacho. No era ya aquel pequeño cubículo de los primeros días en el que apenas entraba una mesa con su silla. Cuando creció el ministerio, también creció el tamaño de nuestra casa, y ahora, en nuestro nuevo hogar, disponía de una enorme sala de lectura con grandes ventanales al jardín y una mesa de estudio de considerable tamaño. Una de las paredes estaba cubierta, del suelo al techo, por una gran estantería en la que se apretaban cientos de volúmenes.

Solo una cosa echaba en falta. Algo que siempre estuvo presente en el mínimo reducto de antaño, y que ahora no encontraba en mi espacioso estudio: paz.

Me senté frente a la mesa de madera de caoba y, sobre ella, deposité mi portafolios, decidido a no volver a abrirlo hasta que resolviese todo lo que me inquietaba. Dentro de aquella cartera se quedaban mis conferencias, la agenda, correos electrónicos pendientes. También quedaban allí boletos de avión que no pensaba usar, junto a invitaciones a congresos a los que no acudiría. Todo quedó allí, excepto mi Biblia. Estaba convencido de que ese libro era lo único que en las próximas semanas iba a precisar. Ya hacía tiempo que mi agenda había desplazado a mi Biblia y la organización había usurpado el lugar de la adoración. Decidido a cambiar una situación que nunca debió darse, dejé todo sobre la mesa, excepto las Escrituras.

Me acosaba una pregunta: ¿estaría a tiempo? ¿Sería demasiado tarde para enmendar las áreas de mi vida que se habían malogrado?

En mi vuelo de regreso me quedé un rato adormilado y soñé. Me resultó muy extraño, pues nunca recuerdo lo que he soñado; sin embargo, al despertar de aquel duermevela en la aeronave, recordaba perfectamente el episodio: en el sueño, me veía caminando muy deprisa por una amplia avenida cuando una mujer, muy anciana, apareció en mi senda, avanzando justo delante de mí. En la sinrazón propia de los sueños, la amplia calle se estrechó de pronto hasta convertirse en un callejón tan angosto que la viejita y yo no podíamos estar a la par, por lo que no me quedó más remedio que adecuar mi ritmo a su lentísimo paso. La encantadora anciana no caminaba, sino que resbalaba despacito por el suelo. Varias veces le pedí paso, pero era obvio que la artrosis en sus piernas no era el único problema que sufría la venerable abuela, quien tampoco oía. Aun en mi sueño, pude sentir la impaciencia inflamando mis entrañas; miré en busca de un resquicio por el que adelantarla y, al no hallarlo, toqué levemente su espalda. Se giró la ancianita y me enfocó con la sonrisa más hermosa que jamás haya visto. Sobre su cabeza relumbraba el cabello blanco y por sus ojos se asomaba un alma más brillante todavía. Recostada con ambas manos en su bastón, y con extrema dulzura, me dijo: «Felices aquellos que tras quebrarse hasta el límite tuvieron el acierto de llevar sus pedazos al taller del Alfarero».

Desperté sobresaltado y con la clara sensación de haber conversado con un ángel. Lo escuchado en ese sueño fue el empellón definitivo para retirarme de todo y acudir a las manos del Artesano. Necesitaba restaurar la vasija que se había hecho pedazos.

No fue sencillo cancelar la agenda. Por delante había hermosas oportunidades para hacer lo que más amaba: trazar con palabras el camino a la Cruz, encender luces con verbos y adjetivos, ser un dedo índice que señalara al Calvario. Pero bloquear mi actividad no se trataba de una opción, sino de una ineludible necesidad: no era tiempo de señalar a la Cruz, sino de postrarme ante ella. A veces toca cerrar algunas puertas, no por dejadez o irresponsabilidad; tampoco orgullo ni soberbia; simplemente, es que no conducen a ninguna parte. Hay momentos en los que se hace necesario decir adiós a un buen pasado para abrazar un mejor futuro.

Solo una duda me embargaba: ¿será ya demasiado tarde? Esa duda me sobrecogía mientras cerraba la puerta de mi despacho dejando sobre la mesa todo lo que representaba mi ministerio. Cené muy poco; mi estómago estaba cerrado y se me hacía casi imposible ingerir nada.

—Pero te preparé tu plato preferido... —lamentó Rebeca al verme jugar con los pedazos de tortilla de patata, esparciéndolos por el plato para que pareciera que había comido algo—. ¿Es que no te gusta?

—Está deliciosa cariño —tomé su mano y la besé—, pero estoy demasiado cansado...

—Lo comprendo —siempre me comprende... siempre—. Ve a acostarte si quieres, ya recojo yo la mesa.

Apenas hube posado mi cabeza en la almohada, cerré mis ojos, pero los abrí enseguida, pues no me gustaba lo que veía adentro. Mantuve la mirada en el techo; en la oscuridad que envolvía el techo. Montones de escenas y pensamientos inquietantes se convocaron en mi mente ahuyentando el sueño.

Al día siguiente, desayunaría con Andrés. Lo llamé antes de acostarme y noté alegría en su voz cuando le pregunté si podíamos vernos.

—Por supuesto que sí —su voz rezumaba ilusión—. Ven por aquí a las nueve, tendré preparado el café y Querit habrá horneado galletas. ¡Como en los viejos tiempos!

—Pastor, sabe lo mucho que aprecio a su esposa, pero le agradezco si en esta ocasión podemos hablar solos. Si quiere podemos quedar en una cafetería o en su oficina de la iglesia.

—No hay problema —concedió, pero noté un matiz de extrañeza en su voz—, ven a casa a las nueve, desayunaremos solos —no añadió más. Era obvio que se había quedado preocupado.

Con la luz apagada, di vueltas y más vueltas en la cama, intentando esquivar las preguntas que me acosaban, empujándome a cancelar aquella cita con mi mentor. ¿Sería capaz de desabrocharme el alma y contárselo todo? Y si finalmente lograba hacerlo, ¿estaría Andrés dispuesto a ayudarme? Era un hombre tan íntegro que tal vez la decepción lo llevase a repudiarme.

El sentimiento de culpa y el recuerdo de lo acontecido casi me llevaron a anular el encuentro: hacía varios años, al menos cuatro, que no nos veíamos. Andrés me había llamado con frecuencia invitándome a que nos viéramos. Siempre le respondí con cordialidad y cortesía, pero con excusas, esquivando los encuentros. Seguía respetándolo, era mi mentor y maestro, pero la vorágine de actividad en la que estaba involucrado me hacía imposible sacar el tiempo para juntarnos a almorzar, o encontrar espacio para un café. Qué lejos quedaban esos días en los que era yo quien buscaba de manera obsesiva verme con él, y Andrés, pese a estar inmerso en mil frentes, siempre sacó tiempo para acompañarme en mis zozobras.

La última vez, me había convocado a través de un inquietante correo electrónico que decía: «David, anoche oraba y sentí una gran carga acerca de tu vida. Oré largo rato por ti y por tu familia, pero ese peso no se ha quitado. Estoy preocupado y quería proponerte que nos apartemos juntos, al menos por tres días, para buscar a Dios en oración. Te ofrezco que vayamos a la casa de campo que tengo en un tranquilo pueblo, no lejos de aquí. Vamos a retirarnos para buscar a Dios. Creo que Él tiene cosas que decirte. Un abrazo, querido amigo».

Aquella carta dejó en mí una mezcla de sensaciones, entre las que prevalecían desconcierto e inquietud a partes iguales. Decidí reflexionar en el mensaje de la misiva durante el día, pero no le dije nada a Rebeca, pues de sobra sabía que de conocer la invitación me apremiaría a aceptarla. Más de treinta veces, solo en el último mes, me había dicho que estaba preocupada por mi ritmo frenético: «Está cambiando tu carácter —insistía—. Me gustabas más antes: eras más paciente, más tranquilo. Ahora pareces un león enjaulado». ¿Acaso no se daba cuenta de que todo lo que hacía era servir a Dios? ¡No estaba implicado en nada malo!

A la mañana siguiente, volví a leer la carta de Andrés para tomar una decisión al respecto, pero cometí un error, o sería más correcto decir que fueron tres las equivocaciones en las que incurrí: la primera fue que abrí la carta para leer sin antes cerrar los ojos para orar, y el segundo fallo fue que, junto a la carta, abrí la agenda, en lugar de abrir la Biblia.

Sí, abrí la agenda, y el primer vistazo a las múltiples anotaciones me provocó vértigo. En los próximos seis meses no había hueco para incorporar ningún otro compromiso y —este fue un tercer error— otorgué a la invitación de mi mentor la categoría de compromiso, en vez de conferirle el grado de urgente necesidad. No encontré tiempo para el retiro de oración respecto al que me urgía. Eran demasiadas cosas las que ya tenía en agenda, y todas ellas de gran calado. No era posible cancelar ninguna.

Tomé el teléfono pensando en llamarlo, pero me frenó la posibilidad de que Andrés intentase reconvenirme, así que redacté un cordial mensaje en el que no olvidé agradecerle por la solícita preocupación, pero en el que finalmente decía: «No puedo apartar esos días que sugieres para un retiro de oración, querido amigo, los compromisos concertados me lo impiden, el mundo me está esperando...».

Aún hoy me sonrojo al recordar la arrogancia que exhalaba esa afirmación con la que cerré mi misiva. Poco después llegó el desastre. Solo seis meses más tarde se redactó mi acta de defunción.

Ahora, dando vueltas y más vueltas en la cama, lamentaba

profundamente aquella decisión. La llamada de mi amigo a retirarme en oración era una invitación orquestada en el cielo. Era Dios llamándome al repliegue, pero yo lo desoí. Con toda seguridad, nada de lo que ocurrió después habría sucedido si hubiese escuchado la voz de mi mentor. Que el mundo me estuviese esperando era una concepción propia de mentalidad narcisista y, además, errónea, pero aun cuando hubiera sido así, nada de lo que me pasó habría sucedido si hubiera puesto al mundo en espera para acudir a la convocatoria divina.

Rebeca entró al cuarto y, sin encender la luz, se desvistió y se introdujo en la cama. Enseguida me buscó poniendo su brazo sobre mi torso y atrayéndome hacia ella.

—Te he echado mucho de menos —dijo en tono meloso, besando mi nuca. Mi mente me torturaba. ¡Me sentía tan sucio! Fingí dormir... No quería contaminarla a ella...

Comprensiva —siempre comprensiva— besó de nuevo mi nuca y unos minutos después dormía plácidamente. La envidié. ¡Verdad es que no hay mejor almohada que una conciencia tranquila! La mía no estaba serena, mil puntas de alfiler se hincaban en mi conciencia. Era como intentar descansar sobre el lomo erizado de un puercoespín. Me arrebujé bajo la sábana y, acostado de lado, pegué mis rodillas al pecho, adoptando esa posición que llaman fetal. Añoraba ese refugio en el que durante nueve meses viví, ajeno a la batalla en la que me sumiría el nacimiento.

CONFESIÓN

A las seis de la mañana, agotado de dar vueltas en la cama, me levanté y pasé al baño. Me apoyé en el lavamanos, pues me sentía débil y algo mareado; mientras me mojaba los ojos hinchados por falta de sueño, observé en el espejo la sombra oscura que los rodeaba. «Si Rebeca me ve así —pensé—, se va a preocupar mucho». Mis ojos lucían yertos, sin vida, carentes de luz. «¿Cómo he llegado aquí? ¿Cómo he llegado a semejante deterioro? ¿Qué camino he seguido?» —me preguntaba.

Entré a la ducha, puse el surtidor en su máxima potencia y proyecté el chorro de agua caliente sobre mi cabeza. Así estuve casi diez minutos; la sensación me resultó reconfortante.

Eran las ocho y cuarenta minutos de un jueves cuando, bajo un cielo encapotado y casi tangible, comencé mi viaje hacia la casa de Andrés. A pesar de que el día estaba gris, los pajarillos insistieron en celebrar la recién inaugurada primavera. Cobijados en las ramas de los árboles liberaban sus trinos, casi enloquecidos, empeñados en llevar luz a un día que se negaba a amanecer.

8 de abril, ese fue el día en que, por fin, le mostré a alguien mi acta de defunción. Andrés fue la primera persona que lo supo. No me dio tiempo de tocar la puerta, me abrió antes de que llegase, como si a través de la ventana me hubiese visto aproximarme. «¡Bienvenido a casa, hijo!». Me incliné hacia él, y, desde su silla, me estrechó en un abrazo que me supo a gloria. Se reclinó en su asiento, para verme mejor, antes de envolverme de nuevo en unos brazos que se me antojaron una suave manta de lana en el corazón de un crudo invierno.

Me pareció que Andrés había envejecido mucho desde la última vez que lo vi y me sentí algo incómodo al recordar cuántas veces, en los últimos años, yo había rechazado su propuesta de reunirnos.

—Gracias por recibirme, Andrés; imagino que debe estar enfadado conmigo...

—¿Enfadado? —se rebulló en la silla y rio con sorpresa—. ¿Por qué habría de estarlo?

—Más de diez veces me ha convocado en estos años y yo rechacé la invitación.

—Lo hiciste por causas justificadas —repuso con amabilidad—. Estás muy ocupado en las cosas de Dios —reflexionó un instante antes de enfocarme con una sonrisa—, la pregunta que me urge hacerte es si estás igual de ocupado en el Dios de las cosas.

—Puedo asegurarle que no hago más que servirle, edificar su Reino y extender su Evangelio...

—Todo eso es maravilloso, hijo. Siempre me he sentido muy orgulloso de ti —yo estaba a su lado, en cuclillas, y él palmeó mi hombro—, pero ¿y con Él? ¿Pasas tiempo con Él? ¿Conversas? ¿Te sientas a disfrutar de espacios de reposo con Él?

—No lo entiendo muy bien...

Con ambos codos apoyados en los reposabrazos de su silla, se inclinó hacia mí para hablarme casi en tono de confidencia:

—Imagina que pasases día y noche trabajando en tu hogar, renovando la casa, limpiando y cocinando y no dedicases ni unos minutos a sentarte junto a Rebeca, a hablar con ella y a abrazarla. ¿Qué crees que pensaría ella? No te parece que te diría: «David, eres un magnífico sirviente, pero un pésimo marido —había cambiado su voz, afinándola mucho para imitar a mi mujer; rio primero con ganas. Luego adoptó un tono serio para concluir—. ¿No te parece que eso sería una gran sociedad laboral, pero no una buena familia?»

—A esto lo llamo no perder el tiempo —me había incorporado y él me observaba con la cabeza alzada. Treinta segundos de encuentro y la exhortación directa llegó. Su risa me sonó sincera.

—Disculpa, hijo, disculpa. Pero es que precisamente hoy reflexionaba en las palabras que Jesús dirigió a su equipo de servidores más íntimo. ¿Recuerdas? *Ya no los llamo siervos...*

sino amigos[4] —me miró para asegurarse de que tenía mi atención, y solo entonces añadió—: el siervo se orienta a la producción; el amigo, a la comunión. El siervo se enfoca en la actividad; el amigo, en la intimidad. En definitiva, lo que intento decirte es que es posible cocinar tanto para Dios que saquemos a Dios de la cocina.

Me pareció un arranque bastante fuerte. El rumbo de nuestra entrevista era totalmente inesperado para mí. Luego sabría que Andrés, apenas me vio, pudo leer en mis pupilas el mensaje de derrota que traía impreso. Mi mirada, inflamada de entusiasmo y pasión en otro tiempo, ahora lucía apagada, exenta de vida y desbordante de decepción y fracaso. La razón de que hubiese sido tan directo en nuestro primer minuto de encuentro era que, Andrés, conociendo mi ritmo siempre frenético y temiendo que esa mañana yo fuera con prisas, sintió urgencia por transmitirme los principios que le quemaban en el corazón y eran para mí.

—En fin, disculpa la clase de cuidado pastoral con la que te he abrumado. Lo importante es que estás aquí —con una mano presionó amigablemente mi antebrazo y con la otra me señaló a la puerta, invitándome a entrar—. Si te parece, podemos desayunar en la cocina. Es donde siempre lo hago, me resulta más acogedora y cálida que el salón.

—¿Me permite que empuje su silla, como en los viejos tiempos? —me sorprendió la inmediatez con la que sus ojos se llenaron de lágrimas evocadoras de un pasado feliz.

—Gracias —asentía con la cabeza, mientras lo empujaba hacia el interior de la casa—, no imaginas cuánto he extrañado esto.

La cocina era muy confortable. Bastante amplia y con un espacio específico para comer: un asiento esquinero de madera lacada en blanco y, frente a él, la mesa del mismo acabado,

---

4 Paráfrasis de Juan 15:15 (NVI)

un poco más baja de lo habitual, adecuando su altura a la silla de Andrés, y dos taburetes también blancos. Me gustó el detalle del centro de rosas naturales, rojas, blancas y amarillas.

—¡Tienen un aspecto inmejorable! —señalé al jarrón de flores.

—Querit cuida los rosales con devoción y estos se lo agradecen cada primavera —admitió Andrés, mientras con su mano señalaba la parte de la rinconera que quedaba junto a la ventana—. Pero, siéntate, por favor. Estoy impaciente por conocer la razón de tu agradable visita.

Me senté obediente, pero ante su invitación a contarle el motivo de mi visita, preferí no tomar una galleta, no me veía capaz de comerla mientras relataba la razón de estar allí.

—¿Y bien? —insistió con una amigable sonrisa. Manteniendo los codos sobre los reposabrazos de la silla, había entrelazado los dedos de ambas manos—. Soy todo oídos.

—He venido a pedirle que oficie un entierro —le dije.

—¿Cómo? —se había incorporado un poquito y tenía en la mano la jarra de la cafetera, dispuesto a verter el líquido caliente en las tazas, pero volvió a recostarse, dejó la jarra de café sobre la mesa y me observó con extrañeza—. ¿Un entierro? ¿Qué entierro?

—El mío —confesé—. Creo que debe ser usted quien lo haga. Lo único que le pido es que el proceso sea lo más digno posible, y no demasiado vergonzoso para mí.

Primero rio, creyendo que bromeaba, pero al ver mi gesto serio, se acodó en la mesa, entrecruzó los dedos de ambas manos y, apoyando su mentón en los pulgares, me miró con fijeza.

—Es cierto que no tienes buen aspecto —dijo sonriendo—, pero tampoco es tan horrible como para que estés muerto... Confío en no estar hablando con un cadáver, pero, aunque así fuera, creo en la resurrección.

—Lo estoy —afirmé—. Estoy muerto, y no se me ocurre nadie mejor que usted para proceder a mi sepultura...

—¿Oficiar tu entierro? —su sonrisa desapareció y ahora me miró con estupor, sospechando, seguramente, la gravedad de los hechos que iba a relatarle—. Hijo, deseo con todo mi corazón que no hayas muerto, pero si eso hubiese ocurrido, vuelvo a repetirte que creo en la resurrección.

—Quisiera poder creer yo también. Le aseguro que no hay nada que desee más que creer que puedo resucitar...

—Bueno, si te empeñas en ser un difunto, lo primero es dictaminar las causas de tu muerte y, si luego nos da tiempo, practicaremos una autopsia. Pero, si no te importa, tomemos antes un café, el día está muy húmedo y tengo las manos tan frías que si intento diseccionar un cadáver, creo que lo despertaré —Andrés intentaba bromear con el objetivo de disipar.la asfixiante atmósfera que se estaba creando. Luego, me confesaría que, en ese momento, le sobrecogió un temblor interno que apenas pudo disimular.

Mientras Andrés volvía a tomar la jarra para servir el café, yo, convencido de que si esperaba más el temor me congelaría y sería incapaz de hacer la confesión que necesitaba; comencé a hablar de forma atropellada, desordenada y a trompicones. Esquivé confesar algún hecho y me centré en mil justificaciones, poniendo un énfasis especial en la sobrecarga de trabajo que sufría, las pocas horas de sueño que disfrutaba, las largas ausencias del hogar. Él se esmeraba en escucharme, a la vez que intentaba llenar las tazas de humeante café. A mi indicación, incorporó un poquito de leche tibia. Recordó que a mí me gusta con leche de almendras y media cucharadita de azúcar, pues la añadió sin consultarme. Le agradecí con un gesto y seguí con la caótica y desordenada narración de mi historia:

—En el último año, tuve sesenta y tres viajes en avión; más de uno a la semana. No tomé ni un solo día de vacaciones...

Andrés giró su silla para quedar de nuevo frente a mí y sostuvo el platillo con su taza de café en la mano derecha, mientras con la izquierda me hacía una señal para que detuviese mi atropellado e inagotable discurso.

—Me encanta escucharte —me dijo—, pero sospecho que precisas ordenar los hechos, y sobre todo abrir, de par en par, el alma para relatarme lo que ha ocurrido.

—Lo estoy haciendo —aseguré.

—¿Me lo estás contando todo? —me habló con firmeza y seriedad—. ¿De verdad que, tras años de ausencia, has venido para contarme lo mucho que trabajas y lo cansado que estás?

—Es que mi cabeza es como un enorme arcón en el que se mezclan de forma confusa mil cosas.

—¿Te da pereza ordenarlas? —me miró a los ojos con más hondura aún.

—Es terror lo que me da —reconocí finalmente—. Siento pánico de mover las escenas que han quedado archivadas.

Dejó su platillo con la taza de café sobre la mesa. Acercó un poco más su silla, solo lo suficiente como para poner su mano bajo mi mentón y ayudarme a alzar la mirada que había doblegado. Me miró con más profundidad aún.

—Sé que tienes algo que contarme. Algo de más peso que tus sesenta y tres viajes en avión. Sospecho que no es fácil para ti hacerlo, ni tampoco será sencillo para mí escucharlo. Pero también sé que mientras no lo hagas no serás libre. Tus ojos, en cuanto nos hemos saludado en esa puerta —señaló hacia la salida—, me gritaron un mensaje que me estremeció. Ahora necesito —reflexionó un instante para matizar—, o más bien, tú necesitas abrir tu corazón y dejar que se ventile, que salga toda la basura que te está contaminando. Puedes estar convencido de que no te dejaré solo. Te aseguro que no voy a escandalizarme, ni a juzgarte. No aplicaré la ley del hielo retirándote la palabra. David, te considero como mi hijo y siempre lo serás.

Tomó la Biblia que reposaba en la mesa y buscó con asombrosa agilidad entre sus páginas, y leyó lentamente, marcando cada sílaba:

—*Confiésense los pecados unos a otros y oren los unos por los otros, para que sean sanados. La oración ferviente de una persona justa tiene mucho poder y da resultados maravillosos*[5].

—Y ¿por qué presupone que cargo con un pecado? —quise, sin demasiado éxito, aplicar algo de indignación en mi pregunta.

—Si no es así, te ofrezco disculpas —dijo con humildad—, pero insisto que nada más verte, tus ojos me gritaron un mensaje que me estremeció.

Quise decirle muchas cosas, pero mi garganta se había estrechado y estrangulaba al mensaje que pugnaba por salir. Las palabras se licuaron y brotaron por mis ojos hechas lágrimas. Andrés palmeó mi mano con delicada cercanía.

—Tranquilo, hijo —el amor no es un sustantivo, sino un verbo, y él lo estaba conjugando mientras me hablaba—. Si necesitas llorar, llora. No tenemos prisa, todo estará bien.

Entonces terminé por confesarle la verdad:

—He sido infiel a Rebeca —esas palabras abrieron, definitivamente, las compuertas de mis ojos y lloré a mares. Como si durante meses hubiera retenido el caudal y ahora, de repente, todas las compuertas se hubiesen abierto.

Me dejó llorar sin retirar su mano de la mía. No la apartó ni siquiera cuando mis lágrimas se precipitaron formando un pequeño charco sobre el dorso de esa mano amiga. Mantuvo la presión sobre mis dedos inertes, incluso la incrementó. Debieron pasar más de cinco minutos en los que el único sonido era mi llanto. Luego fui recomponiéndome gradualmente.

---

5 Santiago 15:16 (NTV)

—¿Te sientes un poco mejor ahora? —me preguntó.

—Creo que sí —reconocí—. Me estaba matando llevar eso ahí adentro. Es como si hubiese sacado una roca gigantesca que me aplastaba.

Limpié mis ojos con el dorso de la mano y pude ver el rostro de Andrés, su gesto era difícil de definir: por un lado se asomaban la comprensión y la ternura, pero, por otro, había gruesas pinceladas de dolor. Un pesar inmenso se asomaba en su mirada. Me alcanzó unos pañuelos de papel y, mientras yo secaba mis lágrimas y limpiaba mi nariz, él también enjugó sus ojos.

—No sé si te encuentras con fuerzas para seguir hablando —repuso.

—Sí —le dije—. Ya solté lo más difícil y es momento de vaciarme.

—Está bien —asintió con la cabeza—. Necesito hacerte una pregunta —había firmeza en su voz, pero no era dureza, solo determinación—. ¿Estás llevando una doble vida? Quiero decir, ¿hay otra mujer en tu vida, aparte de Rebeca? Dímelo con toda sinceridad, por favor.

—No —negué firmemente con la cabeza—. Ocurrió una sola vez, no he vuelto a verla.

Miré a Andrés a través de la cortina de lágrimas que volvió a abatirse sobre mis ojos. También los suyos estaban anegados... También él lloraba.

—Fue hace dos meses... —continué—. Fue solo un desliz... Estaba agotado física y también emocionalmente... Arrastraba un ritmo de trabajo insoportable y no tenía defensas... Esa mujer me buscaba insistentemente… Me acosaba...

—¡Te lo ruego, David —su tono fue de súplica, pero en su mirada encharcada había chispas de furia—, te ruego que no busques atenuantes ni justificaciones! ¡Si necesitas confesar, confiesa, pero hazlo con valentía y dignidad! ¡No culpes al trabajo, ni al agotamiento, ni a una mujer!

—Fui infiel a Rebeca —lo dije con claridad y sin ambages—. Ocurrió una sola vez, pero ocurrió. Apenas hube caído sentí un incendio en mis entrañas... Yo quería morir... La pena y el dolor me consumían... —una vez abierta la compuerta de mis labios, las frases surgieron a raudales, como una inundación de verbos y adjetivos. Toda el agua sucia que había cargado en mi alma pugnaba por brotar—. Jamás ha vuelto a ocurrir... Jamás ocurrirá de nuevo... Pero desde ese día me siento como muerto. Sigo dando consejos porque el cerebro funciona, pero todo está contaminado... He seguido predicando porque no tuve el valor suficiente para sacarlo todo a la luz... Hasta ahora... No puedo seguir cargando con este cadáver. Soy incapaz de arrastrar por más tiempo ese sucio secreto... No puedo... ¡No quiero!

Andrés me escuchaba sin apartar sus ojos de mi rostro; en el suyo, se precipitaban gruesas lágrimas que evidenciaban el dolor que sentía. Cuando finalmente guardé silencio, él me hizo una pregunta:

—¿Ya se lo dijiste a Rebeca?

—Es usted el primero que lo sabe —dije, a la vez que agachaba la vista y posaba los ojos en la puntera de mis zapatos.

—Sabes que debes decírselo, ¿verdad? —tosió, pero fue un sollozo lo que salió de su garganta.

Mantuve mi mirada en el suelo y también el silencio. Solo asentí con la cabeza. Fue un movimiento tan leve que resultó casi imperceptible.

—¿Lo sabes? —insistió Andrés tras carraspear, como intentando liberar su garganta del dolor que la impregnaba—. ¿Sabes que debes confesar a tu mujer lo ocurrido?

—Lo sé —dije alzando la mirada—. Pero no tengo idea de cómo se hace eso... Esperaba que usted pudiera ayudarme...

Se hizo un silencio entre ambos. Sobre la mesa yacían, íntegras, las dos tazas de café. Ya no humeaban.

Andrés separó su mano de la mía y tomó otra vez la Biblia que reposaba sobre la mesa. Al verla, aprecié que era una Biblia que yo conocía bien: la misma, exactamente la misma, con la que nos enseñó en el seminario. La vez anterior que lo visité, y de eso hacía mucho tiempo, estuve hojeándola. Se veía indeciblemente manoseada. Lucía desencuadernada, había perdido la portada y la contraportada, y las primeras páginas y algunos de los índices. Sus hojas de color amarillento se rizaban por los bordes y se trababan.

Aquel día, cuando me vio con ella en la mano, me dijo, casi a modo de disculpa: «Tengo otras diez en mejor estado. Las utilizo en actos solemnes como bodas, congresos y otros menesteres, pero esa... —la miró con devoción—. Esa es mi Biblia; casi una parte de mí, como lo son mis pulmones o mis piernas. Al tocarla, me parece acariciar el cielo y al leerla, me parece sumergirme en él».

Ahora estaba forrada con una funda de piel. La abrió por el salmo 51. Una porción que yo había leído más de mil veces en los últimos dos meses. Una oración de arrepentimiento. La leyó con voz firme, tierna y pausada:

> *Apiádate de mí, oh Dios, por tu amor,*
> *por tu gran compasión borra mi falta;*
> *límpiame por entero de mi culpa,*
> *purifícame de mis pecados.*
> *Pues yo reconozco mi culpa,*
> *tengo siempre presente mi pecado.*
> *Contra ti, solo contra ti pequé,*
> *yo hice lo que tú aborreces;*
> *así que serás justo en tu sentencia,*
> *serás irreprochable cuando juzgues.*
> *Yo, en la culpa fui engendrado,*
> *en pecado me concibió mi madre.*

Tú amas la verdad en lo más íntimo,
la sabiduría me muestras en lo oculto.
Rocíame con hisopo y quedaré purificado,
límpiame y seré más blanco que la nieve.
Déjame sentir la alegría y el regocijo;
que se gocen los huesos que dañaste.
Aparta tu rostro de mis pecados,
borra tú todas mis culpas.
Crea en mí, oh Dios, un corazón puro,
renueva en mi interior un espíritu firme.
No me alejes de tu presencia,
no apartes de mí tu santo espíritu.
Devuélveme el gozo de tu salvación,
que un espíritu generoso me sostenga[6].

—Pecó —dijo al concluir la lectura, e insistió—, David pecó gravemente, de forma vergonzosa, premeditada y reiterada, pero supo arrepentirse sin buscar excusas, atenuantes o justificaciones. Reconoció su pecado, se apartó de él, asumió las consecuencias y siguió adelante.

—Estoy dispuesto a confesar. Acabo de hacerlo con usted y estoy dispuesto a hacerlo ante quien sea necesario.

—Una característica esencial del auténtico arrepentimiento es que no busca calmantes ni atenuantes, sino perdón. No se rodea de justificaciones porque lo que busca es la restauración, por eso expone, sin sutilezas ni rodeos, la culpa.

—¿Acaso piensa que yo...?

—*Pues yo reconozco mi culpa* —ignorando mi cuestionamiento, había vuelto sus ojos a la Biblia que mantenía abierta y de nuevo leyó parte de la oración de David—, *tengo siempre presente mi pecado. Contra ti, solo contra ti pequé, yo hice lo que tú aborreces; así que serás justo en tu sentencia, serás irreprochable cuando*

---

6 Salmo 51:1-14 (BLP)

juzgues[7] —había intensidad en su mirada—. ¿Puedes apreciar la transparencia y la honestidad que destila esta confesión?

—Creo que fui honesto y transparente al narrarle mi caso.

—No dudo que desees serlo —dijo con sincera comprensión—. Lo que pretendo que entiendas es que resulta peligroso cuando en nuestra mente camuflamos nuestra culpa y buscamos razonamientos que justifiquen la caída. Tu exposición de los hechos estuvo plagada de: «estaba agotado, emocionalmente desgastado, trabajaba demasiado, no tenía defensas, esa mujer me acosaba...». Es imposible la restauración sin la base del genuino arrepentimiento.

—Pero... —Andrés me pidió silencio con la mano, volvió a tomar su Biblia y tras abrirla me dijo:

—Quisiera que luego, cuando estés en casa, leas con detenimiento el capítulo quince del primer libro de Samuel. Allí se relata cómo el rey Saúl incurrió en desobediencia a Dios, y cuando el profeta Samuel lo confronta, la actitud de Saúl es extraordinariamente gráfica para mostrarnos el falso arrepentimiento. Permíteme que te enumere los cuatro pasos inherentes al falso arrepentimiento, para que luego, en tu reflexión privada, puedas considerarlos —dirigió su mirada a la Biblia y comenzó a leer—: *Vino, pues, Samuel a Saúl, y Saúl le dijo: Bendito seas tú de Jehová; yo he cumplido la palabra de Jehová*[8] —levantó los ojos del texto que leía y tomó una hoja de papel sobre la que escribió algo mientras me hablaba—: ¿puedes verlo? Deja que anote aquí el primer paso: lo primero que Saúl hace es negar su pecado. Yo he cumplido la palabra de Dios Jehová; así lo dice —subrayó Andrés con el bolígrafo esa expresión. Enseguida volvió a la lectura—: *Samuel entonces dijo: "¿Pues qué balido de ovejas y bramido de vacas es este que yo oigo con mis oídos?". Y Saúl respondió: "De Amalec*

---

7 Salmo 51:5-6 (BLP)

8 1 Samuel 15:13 (RVR 1960)

los han traído; porque el pueblo perdonó lo mejor de las ovejas y de las vacas, para sacrificarlas a Jehová tu Dios, pero lo demás lo destruimos[9]. ¿Puedes apreciar este detalle?: «fue el pueblo», dice Saúl —volvió a inclinarse sobre el papel para escribir de nuevo—. El segundo paso del falso arrepentimiento es que acepta que hay pecado, pero culpa a los demás. «No fui yo, fueron ellos» —Andrés retomó la lectura—: *Entonces dijo Samuel a Saúl: "Déjame declararte lo que Jehová me ha dicho esta noche". Y él le respondió: "Di". Y dijo Samuel: "Aunque eras pequeño en tus propios ojos, ¿no has sido hecho jefe de las tribus de Israel, y Jehová te ha ungido por rey sobre Israel? Y Jehová te envió en misión y dijo: "Ve, destruye a los pecadores de Amalec, y hazles guerra hasta que los acabes". ¿Por qué, pues, no has oído la voz de Jehová, sino que vuelto al botín has hecho lo malo ante los ojos de Jehová? Y Saúl respondió a Samuel: "Antes bien he obedecido la voz de Jehová, y fui a la misión que Jehová me envió, y he traído a Agag rey de Amalec, y he destruido a los amalecitas. Mas el pueblo tomó del botín ovejas y vacas, las primicias del anatema, para ofrecer sacrificios a Jehová tu Dios en Gilgal*[10].

En este punto, Andrés se echó a reír pese a lo grave del asunto. Entendí que su risa fue un gesto pedagógico, orientado a relajarme para que pudiera asimilar la enseñanza.

—¿Lo ves? Se reafirma en ese segundo paso: reconoce que hay pecado, pero fue el pueblo, ¡no él! ¡Como si el pueblo pudiese hacer lo que quisiera sin el consentimiento del rey! —de nuevo se centró en la lectura—: *Y Samuel dijo: "¿Se complace Jehová tanto en los holocaustos y víctimas, como en que se obedezca a las palabras de Jehová? Ciertamente el obedecer es mejor que los sacrificios, y el prestar atención que la grosura de los carneros. Porque como pecado de adivinación es la rebelión, y como ídolos e idolatría la obstinación. Por cuanto tú desechaste la palabra de Jehová, él*

---

9 1 Samuel 15:14-15 (RVR 1960)
10 1 Samuel 15:16-21 (RVR 1960)

también te ha desechado para que no seas rey". Entonces Saúl dijo a Samuel: *"Yo he pecado; pues he quebrantado el mandamiento de Jehová y tus palabras, porque temí al pueblo y consentí a la voz de ellos. Perdona, pues, ahora mi pecado, y vuelve conmigo para que adore a Jehová"*[11]. Déjame que anote este tercer paso —tomó de nuevo la hoja de papel para seguir desarrollando el gráfico—: lo tercero es que reconoce que ha pecado, pero pone excusas: temí al pueblo. Busca atenuantes. *Y Samuel respondió a Saúl: "No volveré contigo; porque desechaste la palabra de Jehová, y Jehová te ha desechado para que no seas rey sobre Israel". Y volviéndose Samuel para irse, él se asió de la punta de su manto, y éste se rasgó. Entonces Samuel le dijo: "Jehová ha rasgado hoy de ti el reino de Israel, y lo ha dado a un prójimo tuyo mejor que tú. Además, el que es la Gloria de Israel no mentirá, ni se arrepentirá, porque no es hombre para que se arrepienta". Y él dijo: "Yo he pecado; pero te ruego que me honres delante de los ancianos de mi pueblo y delante de Israel, y vuelvas conmigo para que adore a Jehová tu Dios"*[12] —tomó otra vez la hoja de papel y mientras escribía en ella me explicó—: llegamos al cuarto peldaño y con ello al final de la escalera: acepta el pecado, acepta la culpa y acepta que no sirven justificaciones, pero pide que no lo avergüencen. Que salga airoso, que no quede en vergüenza. Acepta la culpa, pero no quiere las consecuencias.

Andrés me tendió el dibujo que había hecho: se trataba de una escalera con cuatro peldaños. Lo interesante es que los pasos del uno al cuatro no iban en sentido ascendente, sino hacia abajo. Mostraba con claridad que adoptar ese camino no nos eleva, sino que nos sumerge cada vez más.

Reflexioné durante varios segundos con la mirada fija en el papel. Por un lado, me dolía la valoración de los hechos que hizo Andrés. ¡No me parecía justo que me comparase

---

11 1 Samuel 15:22-25 (RVR 1960)
12 1 Samuel 15:26-30 (RVR 1960)

con Saúl! Pero por otro lado, me daba cuenta de que tenía razón. Cada vez que meditaba en lo ocurrido, intentaba apaciguar mi conciencia con excusas que pudieran justificar mi caída. Paños calientes que calmasen el dolor que sentía: la reflexión de que tanta actividad me había desgastado, que aquella mujer me había provocado...

—Lo cierto es que la integridad no depende de más o menos actividad, ni tampoco depende de la actitud que otros adoptan —al escuchar aquello lo miré asombrado. Era como si hubiese leído mi pensamiento—. La integridad se basa en una honestidad firmemente arraigada en valores y en principios y en hacer lo correcto, aun cuando nadie nos ve.

—Lo entiendo, Andrés, y sé que tiene razón. Es cierto que ocurrió una sola vez, y que jamás volverá a ocurrir, pero reconozco que roto el jarrón de porcelana de Meissen de poco sirve decir que no volverá a romperse, el caso es que ya está hecho añicos —él asentía a mi discurso—. He quebrado algo más valioso que la cara porcelana: rompí el pacto de fidelidad que le hice a mi mujer. He pecado contra Dios... Necesito ser perdonado... Necesito sentirme perdonado... Necesito volver a mirar a los ojos de Rebeca sin esta sensación de culpa y suciedad que me consume.

—Hay algo peor que caer, y es no levantarse —palmeó mi mano y me enfocó con una enorme dosis de empatía en su mirada—. Si te levantas sobre las cenizas de tu arrepentimiento y comienzas a caminar apoyado en la misericordia de Dios, podrás ver que Él toma las ruinas y las convierte en una obra de arte. Sobre los despojos que el enemigo dejó, Dios construirá un palacio. Dios te devolverá multiplicado todo lo que el diablo te ha robado.

—No quiero que Dios me devuelva nada multiplicado —dije—. Solo quiero volver a tener paz... Paz con Él, paz con Rebeca, paz conmigo...

—No tengo duda de que volverás a sentir esa paz que anhelas —y la seguridad con que me lo dijo obró en mí como sedante—. Si Dios no nos mostrase la crudeza de nuestro pecado, nos volveríamos hipócritas; pero si, convencidos de nuestro pecado, no nos manifestara Su Gracia, nos volveríamos locos. Ante un mar de culpabilidad Él extiende mil océanos de gracia.

Asentí con la cabeza. Supe que sería inútil intentar hablar. Cualquier expresión que intentara componer se licuaría de inmediato y brotaría por mis ojos, en vez de surgir por mi boca. Volví a asentir sin apartar mis ojos de los suyos. «Toma tu café —sugirió posando su mano en mi hombro—, aunque temo que ya estará bastante frío. Querit debe estar a punto de llegar. ¿Qué te parece si utilizas el resto de la mañana para ordenar tus ideas y tu discurso? Esta tarde mi esposa tiene unas actividades en la iglesia que le llevarán bastante tiempo. Puedes venir a la caída de la tarde y dispondremos de un buen espacio para hablar a solas».

Antes de separarnos, Andrés oró por mí y por Rebeca. Lo hizo con tanto sentimiento y con una espiritualidad tan genuina que pude sentir la proximidad de Dios de forma casi tangible. Era como si el Señor se hubiese aproximado, tomado asiento a nuestro lado y firmado un pacto de que sería testigo activo de nuestros encuentros.

En la puerta, me dio uno de esos reparadores abrazos que solo él sabía dar. Varios de sus alumnos del seminario llegaron a afirmar que Andrés tenía el don del «abrazo que rompe los huesos, pero recompone el alma».

Mientras caminaba de regreso a casa, inspiré profundamente y pude percibir que aquel gran peso que oprimía mi pecho y bloqueaba mis pulmones se había atenuado. La confesión se había llevado gran parte de la carga que me asfixiaba. Quedaba mucho y muy difícil por hacer, pero el hecho de saber que ya no estaba solo en la lucha suponía una enorme fortaleza.

Una sensación, mezcla de muchas, me embargaba. Me sentía renovado, a la vez que estremecido. Paz y temor se conjugaban. Era consciente de los retos abrumadores que tenía por delante. Mi corazón se rompía al imaginar el dolor que Rebeca iba a experimentar, pero no tenía otra opción que poner todas las cartas sobre la mesa para seguir viviendo. Haberlo ocultado durante dos meses había generado en mí un desgaste que a punto estuvo de enfermarme gravemente. Las palabras de David resonaban con insistencia en mi mente:

> *Mientras me negué a confesar mi pecado,*
> *mi cuerpo se consumió,*
> *y gemía todo el día.*
> *Día y noche tu mano de disciplina pesaba sobre mí;*
> *mi fuerza se evaporó como agua al calor del verano.*
> *Finalmente te confesé todos mis pecados*
> *y ya no intenté ocultar mi culpa.*
> *Me dije: «Le confesaré mis rebeliones al Señor»,*
> *¡y tú me perdonaste! Toda mi culpa desapareció[13].*

Me desvié del camino para introducirme en un pequeño bosque cercano a mi hogar y allí caminé largamente. Oré, lloré, reflexioné... Finalmente, me arrodillé y supliqué a Dios que me ayudase a abrir el arca de mi mente para poder vaciarla. Era demasiado lo que pesaba; tanto, que me estaba quebrando.

Al abrir mis ojos tras la oración, me sorprendió mucho ver frente a mí, posada sobre una roca, una paloma de plumaje inmaculadamente blanco. El ave ladeó su cabeza para posar en mí uno de sus ojos, pequeño y, sobre todo, brillante.

---

13 Salmo 32:3-5 (NTV)

Me hizo recordar la primera vez que vi una espinela: una de las gemas negras más cotizadas en joyería. La paloma mantuvo unos segundos su mirada fija en mí, luego batió con fuerza sus alas y alzó el vuelo. Nunca antes había visto palomas en ese bosque. No eran una especie propia del lugar; la extrañeza me embargó por eso y por la sensación cercana a la paz que experimenté en ese instante.

Ya en casa, Rebeca se extrañó de mi silencio durante el almuerzo. Me observó picotear con desgana la ensalada y apreció la pereza con la que llevaba a mi boca un poco de lechuga.

—¿Estás bien? —me miraba con intensidad y preocupación.

—Tranquila, amor —puse mi mano sobre la suya, que sostenía el tenedor—. Todo estará bien. Esta tarde iré de nuevo con Andrés.

—Me alegra mucho que te veas con él —había alivio en su voz—, siempre te fue de gran ayuda. La verdad, me preocupaba que ya no lo visitaras.

—Tienes razón, no debí dejar pasar tanto tiempo sin verlo, pero ahora quiero recuperarlo.

VALIENTE DECISIÓN

Atardecía, ensombreciéndose por igual el paisaje, cuando llegué de nuevo al hogar de mi amigo. Me recibió en la puerta, sentado sobre una vieja mecedora y abrigado por una leve chaqueta gris que tenía el aspecto de haberlo cubierto durante demasiados años. Al verme llegar, se incorporó un poco y me tendió los brazos. Su gesto llevaba toda la intensidad y empatía que yo necesitaba. Arropado en su abrazo, recordé los temores que me asaltaron la noche anterior, cuando pensé que mi mentor podría repudiarme por mi vergonzoso pecado. Era evidente que no iba a adoptar esa postura. No me consideró un canalla, sino un herido. No me tachó de traidor, sino de necesitado. Optó por la misericordia, en vez de por el juicio. Me vio muerto, pero creyó en la resurrección.

Volvimos a sentarnos en la cocina.

—¿Quieres un café? —ofreció.

—Muchas gracias, pero si tomo café a estas horas, no lograré dormir...

—Entonces te vendrá bien un delicioso té que combina varias hierbas relajantes.

—Eso me vendrá muy bien —acepté—, pero dígame dónde está y yo lo prepararé.

—¿Lo dices por este artefacto? —golpeó con su mano el posabrazos de la silla y luego se palmeó las piernas—. Lo que yo tengo es una condición, pero no una limitación. Las limitaciones, todas ellas, están en la mente, y no en el cuerpo.

Y para demostrarlo, se desplazó en su silla con enorme agilidad. Puso el agua al fuego y, mientras se calentaba, colocó dos tazas con sus platillos en la mesa.

—¿Y bien? —dijo mientras acercaba el azucarero y dos cucharillas—. ¿Cómo va la iglesia? ¡Tengo entendido que crece día a día, y cuéntame de tus viajes, estás recorriendo el mundo!

Fue una forma muy hábil de introducir la conversación de modo que pudiese relajarme, y lo consiguió, pues todas esas preguntas tenían respuestas satisfactorias y que me encantaba articular. La iglesia había crecido ostensiblemente. Cada domingo, celebrábamos tres reuniones para poder atender a las personas. Mis viajes me llevaban a lo largo y ancho del mundo, y cada vez era más requerido en congresos y eventos diversos. Mi ministerio se había expandido de manera maravillosa.

Con sumo placer, me explayé en mi crónica de triunfos y exhibí mis trofeos tan complacientemente, que la pregunta con la que Andrés me interrumpió me pilló por sorpresa:

—¿Eres feliz sirviendo a Dios? —apreté mis labios, no esperaba esa interrogante.

—Bueno, —le dije—, si nos limitamos al ámbito ministerial, tengo mil razones para estar satisfecho...

—Me alegro de que te sientas satisfecho, pero ¿y feliz? ¿Eres feliz sirviendo a Dios?

Lo miré fijamente. La progresiva oscuridad de afuera hacía que se reflejara el interior en la ventana, justo detrás de Andrés. Vi proyectada mi imagen en los cristales: la de un hombre asustado, era un reflejo desdibujado y trémulo, pero suficiente para evidenciar mi estado. Era inútil fingir.

—No —confesé—. Hace tiempo que no soy feliz. De hecho, esta mañana no se lo dije, pero he decidido dejarlo todo: iglesia, ministerio, conferencias... Todo.

—¿Y crees que dejándolo todo alcanzarás la felicidad que ahora dices no tener? —negó con la cabeza—. Yo no lo creo.

—Seguramente, tiene razón —admití—. En todo caso, ya es tarde para reaccionar...

—¿De verdad lo crees así? —indagó, a la vez que movía la cabeza a uno y otro lado como si estuviera negando algo—. ¿De verdad crees que es tarde?

—Como le he dicho, he abandonado la carrera, ayer hice a un lado todo lo que tiene que ver con mi ministerio —me incliné hacia él lo suficiente como para poner mi mano sobre su antebrazo—. Andrés, he firmado mi renuncia, he claudicado, he dejado el arado en mitad del surco, no quiero volver a empuñar el azadón.

Guardó silencio mientras yo mantuve mis ojos fijos en los suyos, intentando ver la reacción que mis palabras provocaban en él. Buscando, creo, que sus pupilas se endurecieran ante mi comunicado de abandono. No se endurecieron, no. Ni encontré un ápice de juicio en su mirada. Todo lo que vi fue comprensión y empatía en estado puro.

—Te conozco bien —dijo finalmente—, y sé que nunca serás feliz si no es sirviendo a Dios.

—No voy a negarle que me duele el alma al pensar en la decepción que sufrirán quienes están esperando recibir el mensaje que les predico…

Andrés levantó la mano imponiéndome silencio.

—¿Te estás escuchando? —había en su voz una curiosa mezcla de humor y enfado—. ¿No te parece presuntuoso que lo que más te aflija es lo mucho que te van a echar de menos?

—Creo que me expliqué mal… —musité con una enorme sensación de vergüenza.

—Si quieres saber cuánto te van a extrañar —me dijo mi maestro—, haz lo siguiente: mete la mano en un cubo de agua y luego sácala rápido y mira qué tipo de espacio dejaste. ¡Se llena bastante rápido!

—¿Está seguro de eso?

—Es lo que la mayoría nos va a extrañar cuando faltemos —prosiguió como si no me hubiera oído—. ¿Sabes en quiénes dejaremos un vacío inmenso? En nuestra familia. Para ellos nuestra partida será una feroz amputación. Es a ellos a quienes debemos cuidar en primer término. Se trata de un error de gran calibre el abocarnos a los demás al precio de descuidar nuestra vida y a nuestra familia.

Quedé profundamente reflexivo. Aunque sabía que todo eso era cierto, no dejaba de doler por más verdad que contuviese.

—Dijeron que había sido creado para conseguir un impacto en el mundo —dije, dejándome llevar por mi tendencia al victimismo—, pero el único impacto que he logrado fue contra el cristal de mi matrimonio.

—La autocompasión no te ayudará mucho —me advirtió—. No se trata ahora de destruir tu amor propio, sino de reedificar tu vida y tu familia. Me ofrezco para guiarte en ese tiempo y te prometo que no voy a juzgarte, y con todo mi corazón intentaré comprenderte y ayudarte.

—Se lo agradezco, créame —dije con toda sinceridad—, estoy totalmente de acuerdo en que necesito restaurar y recomponer mi vida y le ruego que sea usted quien me acompañe en el proceso. Creo que lo que preciso es más que restauración; necesito una reconstrucción integral. Lo menos importante ahora para mí es si volveré o no a predicar y dar conferencias. Solo me importa tener paz con Dios y lo que más me preocupa ahora: mi matrimonio. ¿Cree que Rebeca podrá perdonarme?

—Me encantaría decirte que sí, pero no lo sabremos hasta que des el paso de contarle lo que ha ocurrido —respondió con honestidad—. Confío y deseo con toda mi alma que lo haga. Lo crucial en este punto es que puedas sentirte perdonado por Dios y que tú mismo seas capaz de perdonarte.

—Todos los días le ofrezco perdón a Dios no menos de cien veces. Ese pecado está grabado en mi mente y en mis retinas. No puedo pensar en otra cosa. Mire donde mire, me veo profanando mi matrimonio y traicionando a mi mujer...

—¿Recuerdas a David y su oración en el salmo que leímos esta mañana? —no aguardó mi respuesta— *Porque yo reconozco mis rebeliones y mi pecado está siempre delante de mí.* Él experimentó lo mismo que tú acabas de decirme: *Mi pecado está siempre delante de mí.* La única forma de quitarlo de nuestra vista es que Dios lo entierre, y para eso debemos entregárselo a Él. Por cierto, ¿tuviste tiempo de repasar la historia de Saúl y el proceso de su falso arrepentimiento?

—Lo he mirado varias veces, he meditado mucho en ello, y créame: lo que siento no tiene nada que ver con lo que sentía Saúl —hablé con tanto énfasis que parecía estar defendiéndome ante un tribunal de justicia—. Sé que utilicé argumentos parecidos e intenté justificarme, pero lo que me quema por dentro no se parece en nada a lo que él parecía sentir.

—Lo sé, hijo, lo sé perfectamente —se inclinó hacia mí reforzando su argumento con su mano sobre mi antebrazo—. No tienes que esforzarte en explicármelo, pues conozco tu corazón y veo tu sinceridad.

—Esta mañana no parecía estar usted tan seguro...

—Lo estaba, puedo jurártelo —sonrió—. Solo quería que tú también lo estuvieras y juzgué importante que pudieras conocer lo que no es genuino arrepentimiento, para que ahora estés más seguro del tuyo. El perdón que necesitamos con más urgencia es el de Dios, pero el siguiente es el nuestro. La autoconmiseración es letal. Sabiéndote de verdad arrepentido, podrás perdonarte, como Dios ya lo hizo. Hijo, es hora de perdonarte —casi se incorporó de la silla para decir—: David, debes reconciliarte con David, pues te toca vivir con él toda la vida. Te has arrepentido, Dios ya te ha perdonado...

—Le aseguro que deseo creerlo; necesito sentir que Él me ha perdonado —mis ojos estaban fijos en los suyos—. La lucha ha sido insufrible: servirle sin sentir su comunión; predicar su palabra sin sentir a Dios amigo. Más de mil veces le he ofrecido perdón —insistí—, pero mi interior es un incendio. No tengo paz; me cuesta creer que Dios pueda perdonarme…

—Cristo se colgó de la Cruz para que diera frutos, no de angustia, sino de paz —y las palabras de Andrés destilaban ese fruto—. Ya nos perdonó allí; fue la causa de su muerte. No devaluemos un acto de amor tan inmenso. No debemos usar su gracia como ocasión para pecar, pero tampoco desestimarla como el regalo que Dios brinda al que de verdad se arrepiente. Dios no lleva minuciosamente, como la vieja que cuenta con los dedos, el cómputo de nuestros pecados. Él, de antemano, nos otorgó su piedad con un amor obsequiado que borra todo mal. No es un mezquino, no es rencoroso ni embaucador —había triunfo en su voz—. ¡Qué Dios tan maravilloso tenemos!

Sus palabras eran una lluvia pacífica y ligera que calaba en la tierra y la fertilizaba. Dialogaba despacio: hacía largas interrupciones a veces, no tanto para reflexionar qué decir, sino para que reflexionara yo en lo que me había dicho.

—Además de recibir su perdón —insistió—, es también esencial que te perdones tú mismo. Creo que sin la fortaleza derivada de ambas reconciliaciones, con Dios y contigo, te será casi imposible asumir el siguiente paso: hablar con Rebeca. Pero al percibir a Dios contigo, podrás enfrentar con más serenidad ese difícil trance.

—No logro perdonarme —reconocí—. Mi ministerio fue hasta ahora una hoja en blanco, pero esta mancha ha destruido mi expediente. Quiero perdonarme, necesito perdonarme... Pero no logro hacerlo.

—¿Sabes? Apenas me hube convertido, me entregué con pasión a la lectura de la Biblia —repuso Andrés—. Mis grandes héroes de antes eran Superman, Spiderman, Capitán América... Todos fueron sustituidos por personajes bíblicos como Moisés, Sansón o David. Leer sus proezas encendía chispas en mi corazón y brillo en mis ojos. Tuve que crecer en edad y en conocimiento bíblico para darme cuenta de que Abraham había mentido, Jacob había robado, Moisés había cometido homicidio, David había sido adúltero, Salomón había estado con mil mujeres, Sansón pisó ese mismo camino, Elías tuvo depresión y deseó morirse y Jonás desobedeció. Solo por mencionar algunos. La pregunta que me hice durante algún tiempo fue: ¿por qué Dios permitió que quedasen en la Escritura las páginas más oscuras de nuestros héroes favoritos? ¿Puede producirle placer a un padre que queden registrados, para ser leídos por todos, los actos vergonzosos de sus hijos? La respuesta es obvia, aunque no del agrado de todos: Dios permitió que esos episodios quedasen escritos para demostrar que ellos eran seres humanos como nosotros y para que el resto de sus hijos aprendamos de sus victorias y, especialmente, de sus derrotas. Ellos fallaron, pero se levantaron, se arrepintieron y siguieron adelante. Escúchame —se inclinó hacia mí para concentrar toda mi atención—: no hay pecado que resista el agua del arrepentimiento y el poder de la sangre de Jesús, por oscuro y vergonzoso que sea —me miró con gran ternura—. El diablo ha ganado una batalla moviéndote a pecar; no le entregues ahora la guerra quedándote caído en tu pecado. Cuarenta y cuatro años ejerciendo como pastor no me autorizan a demasiadas cosas, pero me hacen estar convencido de que la Iglesia no es una comunidad de santos donde escasea el pecado, sino una comunidad de pecadores donde abunda la gracia. El más santo entre nosotros no es el que alardea de su impecabilidad, sino el que con más presteza reconoce su pecado.

—Gracias… —le dije sintiendo que de nuevo estaba al borde de las lágrimas—, pero ¿si Dios me ha perdonado, por qué no siento paz entonces? —lo enfoqué con una mirada que suplicaba ayuda.

—Porque aún no has dado todos los pasos imprescindibles —dijo con gran seguridad—. Además del genuino arrepentimiento y la confesión a Dios, se precisa seguir el consejo de Santiago: *Reconózcanse, pues, mutuamente sus pecados y oren unos por otros*[14]. ¿Quién es *el otro* implicado totalmente en la ecuación de tu vida? —formuló la pregunta con lentitud,

---

14 Santiago 5:16 (BLP)

EL DESPLOME DEL GIGANTE 75

poniendo énfasis en cada palabra—. ¿Quién es la persona más directamente implicada?

—Rebeca, sin duda —respondí.

—¡Exacto! Por lo tanto, es imprescindible que hables con ella —y añadió—: por supuesto que luego precisarás de un periodo de acompañamiento y restauración, pero es importante que ahora hables con Rebeca.

—¿Cómo puedo hacerlo? —dije dando a entender que no imaginaba qué camino tomar.

—Creo que, en primera instancia, deberías decírselo tú, pero de inmediato van a precisar ayuda —reflexionó un instante antes de añadir—: mi propuesta es que no dejes pasar el día de hoy sin hablar con ella y que mañana nos veamos aquí.

Consideré en silencio lo que Andrés me dijo. Calculé lo que implicaba seguir sus directrices y recapacité en las consecuencias; mientras, Andrés me observaba.

—Solo puedo asegurarle que haré todo lo posible —reconocí finalmente—. No puedo garantizar que logre hoy reunir las fuerzas para hablar con ella, ni tampoco estoy seguro de que, si lo hago, Rebeca acepte acompañarme para venir a verlo mañana...

—Te comprendo perfectamente y soy consciente de lo difícil de la situación, pero estoy seguro de que Dios pondrá lo que nos falta —sus palabras chorreaban convicción y su *nos* me indicó el grado de implicación que Andrés había asumido. En ese nivel de compromiso siguió hablando—: a nosotros nos concierne hacer lo natural y Él se ocupará de lo sobrenatural. Recuerda, nuestro cometido es retirar la piedra, resucitar a Lázaro es cosa suya. Insisto: creo en la resurrección, pero es competencia de Dios —hizo una pausa antes de decirme—: si me autorizas, informaré a mi esposa, de modo que esté preparada para un posible encuentro posterior a tu confesión.

Cerramos con oración. Él alzó su voz y, en respuesta, Dios hizo descender su gracia. Fue un manto cálido, reparador. Una caricia en la mente que dejaba a su paso una densa paz, casi tangible. Sentí que su mano cerraba la boca de mi herida y la suturaba con hilo de oro. Recordé la afirmación de Andrés: «Si Él no manifestara su gracia, nos volveríamos locos bajo la convicción de pecado».

Afuera era el mes de abril. Dentro, en aquella habitación casi sagrada, el tiempo no contaba. Regresé a casa caminando muy despacio. Se reclinaban las frías llamaradas del sol que se dejaba caer sin resistirse, sin asirse a las copas de los árboles, a los tejados... El sol estaba cansado, lo mismo que yo. Se acortaba la luz, se ensanchaba la sombra; el día fue demasiado largo, demasiado caliente. Con desgana, cedía en brazos de la noche anticipada.

Pero aún faltaba un largo tiempo para que cerrara la jornada. Se extendería mucho más allá de que el sol se ocultara. Quedaban horas intensas y muy difíciles, pero sentía paz, pues después de mucho tiempo percibía a Dios amigo.

Tras una cortina de lágrimas vi, desdibujada y oscilante, la imagen de una paloma que volaba a escasa altura. Su color blanco casi destellaba en el lienzo gris del anochecer.

DESABROCHANDO EL ALMA

Cuando llegué a casa, Rebeca me recibió con un beso y un abrazo. Quise corresponder pero estaba temblando. Tiritaba de forma tan ostensible que ella lo percibió.

—¿Qué te ocurre, cariño? ¡Estás temblando! —mantuvo sus manos en mi cintura, pero se retiró un poco para observarme—. ¿Estás enfermo?

—Debo hablar contigo.

—Me estás asustando —dio un paso atrás sin apartar su mirada de mí.

—Vamos a sentarnos —sentí que iba a caer desplomado, por lo que insistí—. Por favor, tomemos asiento.

Al notarme tan débil, pasó su brazo por mi espalda, agarrándome de la cintura. Con su otra mano me sostenía de mi brazo izquierdo. Me guio al salón y allí me dejé caer sobre el sillón de tres plazas. La miré; ella, en pie, me observaba con gesto de gran preocupación.

—¿Quieres que llame al médico? —alzó la voz muy alarmada.

Con mi mano señalé el espacio a mi lado y, con mis ojos, le rogué que se sentara. Obediente, tomó asiento junto a mí. Solo me miró, no dijo nada, pero pude apreciar en sus manos que ahora era ella quien temblaba.

—He faltado a la promesa que te hice...

—¿A qué promesa? ¿Qué estás diciendo? —los nervios le hicieron hablar muy alto; agarró mi mano derecha con fuerza y casi gritó—. ¡No te entiendo! ¡No entiendo nada y me estás asustando!

—He faltado a mi promesa de fidelidad... He roto nuestro pacto de fidelidad...

Rebeca me miró con incredulidad. Primero, frunció el ceño en un gesto de escepticismo; luego, entornó sus ojos, escrutándome con la mirada, incluso intentó fabricar una sonrisa pensando que yo bromeaba... Anhelando que yo bromeara... Segura de que yo estaba bromeando. ¿Cómo iba a hacer algo así su marido, ungido por Dios para una comisión tan extraordinaria? ¿Cómo iba a ensuciarse una vasija tan consagrada?

—No me gustan esos juegos —se le oscurecían los claros ojos al decirlo—. ¡Esas bromas no me hacen ninguna gracia! Porque no es cierto, ¿verdad? Estás bromeando, ¿verdad?

—no eran preguntas, sino súplicas las que brotaban de sus labios. Mantuvo sus ojos en los míos y con ellos imploraba una respuesta.

Solo obtuvo silencio. La garganta me dolía a causa de la pena. Mi silencio fue el argumento más devastador. Me impresionó la rapidez con la que sus ojos se encharcaron. No fue humedad lo que aguó sus pupilas, sino un torrente que se desbordó.

—Lo siento —logré articular, por fin—. Lo siento, lo siento, lo siento...

Sin descomponérsele el gesto, lloró a mares. Cuando se dio cuenta de que seguía aferrada a mi mano, la soltó con rapidez y se desplazó hacia el extremo del sillón que ambos ocupábamos, alejándose de mí todo lo posible.

Quería decirle mil cosas, suplicar su perdón, caer de rodillas, pero estaba congelado. Mi cerebro se negaba a activar cualquier resorte de mi cuerpo. Sentí que era un muñeco de cera, incapaz de articular una palabra o hacer cualquier movimiento. Ni llorar podía... Precisamente ahora que deseaba llorar... Justo en ese momento en que necesitaba derramar lágrimas, ni una era capaz de producir.

Rebeca saltó del asiento, como impulsada por un resorte, y corrió a nuestro dormitorio. Escuché la puerta cerrándose y, enseguida, a ella: no fue un grito lo que oí, sino un gemido que quebró mi corazón y desgarró mi alma. Sentí como si un puñal de fuego se abriera camino en mi pecho e incendiara mis entrañas. Era un dolor físico, real, perceptible, a la vez que la agonía emocional me hacía caer de rodillas. Ya no se distinguía mi gemido del que se alzaba en el dormitorio, los dos se mezclaban, se confundían... Los dos moríamos. Toda nuestra vida se desmoronaba.

Miles de imágenes surcaron fugaces mi mente: nuestro primer encuentro, la primera vez que la vi y lo que sentí fue un auténtico flechazo. Me atrajeron sus manos preciosas de dedos finos y cuidadas uñas, pero más allá de eso, y de su cabello liso y azabache que solía llevar suelto y le llegaba hasta media espalda; más allá de su nariz perfecta, bajo unos ojos melados que atraían... Más allá de todo, estaba su sonrisa que fluía por cada milímetro de su rostro. Eso fue lo que me cautivó desde el primer instante y terminé prisionero con los dulces grilletes de su alegría. En nuestra tercera cita, le pregunté por qué sonreía siempre y me respondió que había aprendido de Tom Wilson que la sonrisa es una pizca de felicidad que todos podemos encontrar justo debajo de nuestra nariz.

Tardé en decidirme a expresarle mis sentimientos y ella tardó aún más en corresponderlos, pero finalmente nos relacionamos, nos medio comprendimos. Principiamos por echarnos algo de menos cuando no nos teníamos, y acabamos por estar siempre juntos, con las manos cogidas, mirándonos y hablándonos, y callando también, porque llegó el día en que no necesitábamos hablarnos para tenernos.

Las imágenes seguían reproduciéndose en mi mente, casi respetando un orden cronológico: de novios, paseando de la mano por nuestro parque favorito. El primer beso, también, en ese parque. Las interminables conversaciones acerca del futuro: «Serviremos juntos a Dios», ese fue siempre nuestro anhelo. Luego llegó nuestra boda: «Prometo amarte y cuidarte, en la salud y en la enfermedad... Prometo serte fiel... Prometo serte fiel... Prometo serte fiel...».

Risas, tiempos divertidos nos unieron. Lágrimas, tiempos difíciles nos fundieron. Y pudimos comprobar que reír juntos une, pero llorar juntos funde. Sirviendo ambos a Dios, arrodillados los dos en oración. Se sublimó en nosotros la matemática del amor en la que uno más uno da lugar a uno.

Fueron miles de escenas que, en cuestión de segundos, surcaron mi mente a la velocidad del relámpago. Luego, una oscuridad patente ocupó la escena. Todo quedó fulminado, extinguido. Todo un pasado maravilloso destruido por un desliz... Deshecho por un pecado. Lo que más amé en mi vida, fulminado por lo que más deseé en un instante... El momento había pasado y el fugaz deseo también, pero la vida seguía... Totalmente arruinada.

Oscuridad, solo oscuridad... Era 9 de abril, once y treinta de la noche. El día y la hora en que fui sepultado.

Recordé las palabras de Andrés: «Yo creo en la resurrección». Aún arrodillado, apreté mis puños y liberé un grito de angustia. Luego, dejé caer mi cabeza sobre mis manos y, entonces sí, lloré.

Abrí los ojos y me sorprendí, al descubrirme arrodillado en el suelo y con la cabeza sobre mis brazos que reposaban en el sillón. Me froté los ojos para reaccionar y noté que me quemaban. Me dolían la garganta, el pecho y casi cada músculo del cuerpo.

Miré a derecha e izquierda, perplejo. ¿Dónde estaba? ¿Por qué estaba de rodillas en el suelo? Observé mi reloj de pulsera: marcaba las seis y diez minutos. De pronto, recordé el amargo episodio de las horas previas, y al recordarlo, mi estómago saltó y un sabor a bilis subió hasta mi boca. Comprendí entonces mi escozor de ojos y el dolor en todo mi cuerpo... Incorporándome, me aproximé a la ventana. La oscuridad afuera era más bronca, como ocurre siempre antes del alba. ¡Ojalá fuera así también en mi interior! ¡Ojalá las tinieblas que me envolvían fueran el aviso de un nuevo amanecer!

¿Dónde estaría Rebeca? ¿Seguiría encerrada en el dormitorio? Por un momento, sentí pánico. ¿Se habría marchado? ¿No habrá creído en mi arrepentimiento? ¿Me habría dejado para siempre? ¿Dónde estaba Dios? ¿Se habría marchado también? ¿Tampoco Él había creído en mi arrepentimiento?

¿Me habría dejado para siempre? ¿Habrá un Dios tan incomprensivo como incomprensible?

PISANDO EL FONDO
PARA OBTENER IMPULSO

Me acerqué al dormitorio, con miedo. Si Rebeca estaba allí, ¿qué podría decirle? Si no estaba, ¿qué podía hacer? Giré el pomo de la puerta y la abrí lentamente. El cuarto estaba lleno solo de silencio.

Con un temor creciente, recorrí el resto de la casa. Tal vez estuviese en la cocina, o en el otro cuarto; tal vez se hubiese encerrado en el baño. Rebeca no estaba. Se había marchado.

Regresé a nuestro dormitorio y observé la cama sin deshacer, tan solo la colcha se veía arrugada y los pliegues delimitaban la forma que su cuerpo había dejado. Me senté en el borde del colchón y pasé la mano por el cubrecama, como acariciándola. Poco antes reposaba allí totalmente destruida. En el lugar donde estuvo su cabeza persistía la humedad; señal de que lloró toda la noche... Señal de que hacía poco se había marchado.

Fui hasta el salón y me dejé caer sobre el sillón donde, unas horas antes, le había abierto mi corazón, cerrando, tal vez para siempre, mi matrimonio. Observé mi teléfono móvil sobre la mesa de centro y lo tomé para llamarla. Estaba sin batería; la carga de mi teléfono se había agotado. ¡Seguro que ella había intentado llamarme! Absurdo; habría llamado al terminal fijo... Estaba en la mesita de rincón, a mi derecha, lo descolgué y marqué el número de Rebeca... «Apagado o fuera de cobertura».

Pude sentir que una desesperación creciente me embargaba. Me dejé caer hacia atrás en el sillón, suspiré y cerré los ojos. No los mantuve así por más de tres segundos. De nuevo, me aproximé a la ventana. Por el este, tras los árboles, el sol se alzaba; comenzaba a amanecer.

Recordé que Andrés se levantaba temprano, era el amanecer su tiempo predilecto para la oración y el estudio de la Palabra, y eso era lo que yo más necesitaba en ese momento: un compañero de oración. Apenas dos tonos de llamada y descolgó:

—¡Buenos días, David! —me dijo en tono cordial—. ¿Qué tal has amanecido?

—No está, se ha ido...

—¿Cómo dices?

—¡Se ha marchado! ¡No está en casa!

—¿Te refieres a Rebeca? —y su voz denotaba preocupación.

—Anoche se lo dije... Esta mañana no la encuentro. No está en casa, ni atiende el teléfono. Estoy desesperado —las frases surgían desordenadas y a trompicones.

—Tranquilo, David. Solo cuando uno pisa el fondo es que puede tomar impulso para salir a la superficie. Seguramente Rebeca salió a caminar y a pensar, pero no te conviene estar solo ahora: ¿quieres venir a casa?

—Prefiero estar aquí por si regresa.

—Entonces voy para allá enseguida...

—¿Voy a buscarlo en mi automóvil? —me ofrecí—. No tardaré nada en llegar.

—Sabes que no es necesario —en la cadencia de su voz noté que se movía con rapidez—. Mi coche está adaptado, Querit me ayudará a subir al vehículo y tú me ayudarás a descender. Ahora tranquilízate, por favor. Todo va a estar bien.

Salí para esperarlo; aún refrescaba, pero prefería mil veces el frío de la calle al silencio y la vaciedad de la casa. Me senté en los peldaños del porche y fue en ese momento que me di cuenta de que nuestro Toyota RAV4 no estaba. Rebeca no había salido a caminar, sino que se había marchado.

Quince minutos después, el vehículo de Andrés entraba en la zona arenosa que utilizamos de aparcamiento. Me aproximé para ayudarlo a descender y cuando estuve a su lado, sin mediar una sola palabra, me dio un prolongado abrazo.

—Todo estará bien, hijo —dijo sin soltarme—, verás cómo todo se arregla.

—Pasemos a la casa —le sugerí aproximando su silla—, hace frío aquí afuera.

Nos acomodamos en el salón. Yo ocupé el hueco del sillón que habitualmente llenaba Rebeca y Andrés se ubicó junto al sofá de una plaza, a mi derecha. Me di cuenta, entonces, de que no había tomado nada desde que me desperté, ni siquiera un café.

—Voy a poner una cafetera —le dije—. ¿Le apetece?

—Te lo agradezco mucho —asintió—, con gusto me tomaría un café bien cargado.

Llené con agua el depósito, luego eché café hasta colmar el límite del filtro —yo también lo quería bien cargado— y pulsé el interruptor; en menos de cuatro segundos, el agua comenzó a precipitarse, gota a gota, en la jarra de cristal. Volví a mi asiento, mientras el reconfortante aroma del café recién hecho iba llenando la estancia.

—*Supongamos que una mujer tiene diez monedas de plata y pierde una* —Andrés, sin previo aviso, había comenzado a leer en su gastada Biblia—. *¿No enciende una lámpara, barre la casa y busca con cuidado hasta encontrarla? Y, cuando la encuentra, reúne a sus amigas y vecinas, y les dice: "Alégrense conmigo; ya encontré la moneda que se me había perdido". Les digo que así mismo se alegra Dios con sus ángeles por un pecador que se arrepiente*[15] —sin cerrar su Biblia, Andrés continuó—: ¿te imaginas el jaleo que se

---

15 Lucas 15:8-10 (BLP)

formó en la casa mientras buscaban la dracma que se había perdido? —gesticulaba con ambas manos intentando trasladarme a la escena—. Al barrer la casa, tal vez se levantó una polvareda que les hizo pensar que no valía la pena buscar, era mejor darla por perdida. Tuvieron que retirar algún mueble y el ruido resultó espantoso. Llegó un momento en que el salón estaba tan revuelto, que resultaba descorazonador: a la pérdida económica, ahora se sumaba la pérdida del orden y el confort en el hogar. ¿Estaban camino al desastre? ¡No! ¡Estaban cerca de recuperar lo perdido!

—Perdóneme, Andrés, pero no soy capaz de seguirle. Dormí poco y mal, debe ser por eso que no logro entender lo que intenta decirme.

—Tú eres quien ha perdido algo enormemente valioso —no me señaló con su dedo índice, que habría resultado un ademán agresivo; lo hizo con su mano abierta y la palma hacia arriba, en un gesto cálido y cercano—. La dracma perdida de la historia no tenía demasiado valor, apenas equivaldría ahora a un par de céntimos de euro, pero lo que tú has extraviado es valiosísimo: hablo de tu integridad y también de tu matrimonio. Te felicito porque has decidido recuperar ambos tesoros. Todo lo que ahora ves es desorden y polvareda; ruido y un ambiente descorazonador. Pero no es el camino al desastre, sino el camino a la restauración. Habría resultado más sencillo para ti dejar el tesoro oculto, probablemente nadie habría conocido tu traición, pero tú la conocías y la honestidad no te permitía mantener esa dracma desaparecida...

—¿Encontraré la moneda perdida? —interrumpí. Me miró en silencio. Reflexionó unos segundos y finalmente dijo:

—Lo único que puedo asegurarte es que si no barres la casa y mueves los muebles, jamás la encontrarás.

La cafetera ya estaba en silencio. El depósito de agua se había vaciado y el café se hacía presente mediante su irresistible aroma.

—Andrés, todo lo que veo es destrucción —lamenté, mientras me incorporaba para aproximarme al mueble donde guardamos la vajilla—. Miro el pasado y contemplo mi traición, miro al futuro y veo mi vida hecha pedazos. Todo destruido... Yo estaba preparado para salir adelante, mejor o peor, dentro de un sistema edificado sobre el éxito, la competitividad, el poder y el dinero, pero ahora me veo inmerso en otro mundo en el que las virtudes del mío no solo no se cotizan, sino que se convierten en obstáculos. Un ministerio exitoso, popularidad, reconocimiento... Nada de eso me devolverá a Rebeca... —callé un momento y, finalmente, sentencié—: más bien me la ha arrebatado.

—Discrepo de tu punto de vista, hijo —las palabras llevaban la dosis justa de cercanía y la exacta carga de autoridad—. El ministerio no te arrebató a Rebeca, lo que hizo que ella se alejara es haber puesto la «m» de ministerio por delante de la «m» de matrimonio. Y el golpe definitivo fue dejar que tu integridad se resquebrajara.

La honestidad de Andrés me dejó desarmado y reflexivo. Solo acerté a mirarle y él, percibiendo mi desconsuelo, decidió afinar su discurso:

—Pero todo volverá a su cauce. En ocasiones, las cosas tienen que empeorar para luego mejorar. Como te dije antes, hay veces en que solo tocando el fondo podemos tomar impulso para salir a la superficie.

—No se imagina cuánto deseo creerle —sentí que, de nuevo, mis ojos se humedecían, mientras colocaba las dos tazas con sus platillos en la mesa de centro.

Yo utilicé la taza preferida de ella, de color verde y con la palabra «Bendición» impresa en tono amarillo. Le puse a él, con toda la intención, una que lucía la palabra «Gracias» en tinta roja sobre fondo blanco. Andrés me miró y sonrió, agradeciendo con un gesto de su cabeza, mientras me decía: «Nunca pierdas la esperanza, los milagros ocurren todos los días». Asentí, mientras iba a por el café. Le serví a él primero y, mientras me sentaba, le aproximé el azucarero. Se puso dos cucharaditas para endulzar su bebida.

—Le agradezco mucho su compañía y sus palabras —le dije, al tiempo que llenaba mi taza—. Esta mañana, mientras recorría la casa tan silenciosa, creí que me volvería loco.

—Confío en que Rebeca no tardará en volver —repuso, mientras giraba la cucharilla en su taza—. Es comprensible que necesite digerir lo que le has contado. Verás qué pronto estarán juntos de nuevo.

—Lo deseo con todo mi corazón...

—Pero cuando ella llegue no estará todo resuelto —advirtió—. Solo será el comienzo de una etapa que no resultará fácil, en absoluto. Comenzará el segundo tiempo del partido más difícil de tu vida.

—Lo sé —admití llevándome la taza a los labios y deteniéndola un momento para concluir—: será el inicio de una etapa de reconstrucción. Hay muchas cosas que edifiqué de manera defectuosa y toca derribarlas; en esta ocasión, quiero construir bien... Quiera Dios que tenga esta segunda oportunidad.

—¿Recuerdas lo que dice la Biblia? —lo recitó de memoria y sin esperar mi respuesta—: *Si el Señor no construye la casa, el trabajo de los constructores es una pérdida de tiempo. Si el Señor no protege la ciudad, protegerla con guardias no sirve de nada*[16] —tomó un sorbo de café y, enseguida, añadió—: si Rebeca y tú permiten que sea Dios quien obre en esto, Él convertirá las ruinas en obras de arte y hará que las amargas lágrimas de hoy se conviertan en pañuelos que enjuguen otras lágrimas mañana.

---

16 Salmo 127:1 (NTV)

—Yo lo quiero —mi voz sonaba quebrada. El cansancio y la emoción siempre afectaron mis cuerdas vocales—. Lo anhelo con todo mi corazón.

—Lo sé, hijo; de sobra sé que quieres y tengo la sensación de que podrás llevar a cabo tu deseo. Por cierto —me dijo—, ¿recuerdas el salmo 51?

—¿Cómo podría olvidarlo? —deposité la taza de café sobre el platillo y me recosté en el asiento—. Ese salmo se ha convertido en el lema de mi vida...

—Déjame que destaque algo de él, pues no quiero dejar ningún fleco suelto. Me gusta, de manera especial, cómo la versión Reina Valera (RVR 1960) traduce esta parte de la oración, en la que David ruega a Dios lo siguiente: *Crea en mí un corazón limpio* —se inclinó para no tener ninguna duda de que lo estaba escuchando con atención—. Lo que pide es un corazón *limpio*, y no un corazón *limpiado*.

—¿No es lo mismo? —quise saber.

—Desde luego que no lo es —aseguró—. Un corazón *limpiado* se refiere a un corazón que en el pasado vivió un proceso de purificación —hizo un silencio que tenía la clara intención de permitirme asimilar lo que estaba diciéndome—; sin embargo, un corazón *limpio* es aquel que, en la actualidad, está en esa condición de pureza. A lo que voy es a que, aunque ahora limpies tu corazón movido por el dolor que experimentas y por las consecuencias que tu pecado conlleva, cuando el fragor de esta batalla quede en el pasado, debes seguir luchando con todas tus fuerzas y apoyándote también en la fuerza de Dios, para que la integridad permanezca e incluso se acentúe con el paso del tiempo.

A las dos de la tarde, Andrés se empeñó en que debía comer algo. Me resistí, pues tenía el dolor agarrado en el estómago, pero no me quedó más alternativa que ceder a sus argumentos.

—Tienes por delante una batalla que librar y no te conviene estar débil cuando llegue la gran confrontación, así que miraré qué tienes por aquí y prepararé algo para comer.

—Está bien —cedí—, pero solo si usted come conmigo...

—Por supuesto que lo haré —rio en un intento de que algún sonido reconfortante desplazase a los sombríos vocablos que flotaban en el aire—. ¿Acaso pensabas que iba a mirarte comer sin más? ¡Ya sabes que soy de buen diente! Veamos qué tienes por aquí...

No había mucho en el frigorífico. Siempre que viajo, Rebeca apenas cocina; he llegado a pensar que en mis ausencias sobrevive del aire, y tras mi llegada del último periplo explotó el desastre sin que nos diera tiempo a ir juntos, como solemos, a hacer las compras, así que la nevera estaba prácticamente vacía; sin embargo, Andrés demostró ser un extraordinario cocinero al preparar una deliciosa ensalada con los pocos vegetales que había y la acompañó con un guiso que logró con los restos de un pollo asado que había en una olla.

—Tiene un sabor delicioso —reconocí, sintiendo que la comida obraba de manera positiva en mi estado de ánimo.

—Me encanta cocinar —dijo—. Siempre ha sido una forma de liberar el estrés del ministerio, y Querit está feliz de ello —rio con buena gana.

Después de comer, nos sentamos en el sillón a tomar el que sería el segundo café del día. Enseguida afloró el agotamiento extremo tras el largo viaje y la noche sin apenas dormir, y el sueño me venció. Cuando abrí los ojos, una hora después, Andrés estaba apoyado en el alféizar de la ventana, mirando el jardín.

—Lo siento, me quedé dormido —dije frotándome los ojos.

—No lo lamentes —se giró, sonriente—. Lo necesitabas; lo cierto es que yo también descabecé un pequeño sueñecito.

—¿Cómo pudo incorporarse? —señalé la silla de ruedas que estaba vacía junto a él.

—¡Lo más sencillo del mundo! —me miró casi contrariado—. ¿No he reiterado bastante que los límites están en la mente? Tan sencillo como acercar el asiento e impulsarme un poco con los brazos…

Esperamos en vano durante el resto del día y marqué, no menos de treinta veces, al teléfono de Rebeca, pero lo mantuvo apagado.

—¿No deberías llamar a casa de sus padres? —me sugirió Andrés, cuando comenzaba a anochecer—. Tal vez esté allí.

—¿Y si no está con ellos? —había valorado esa opción varias veces—. No quiero ser yo quien les revele nuestra disputa. También pensé en llamar a Marisa, es su mejor amiga, pero no deseo alarmar a nadie.

—Te comprendo, pero no creo que sea conveniente que esperes mucho más tiempo.

—Solo hoy —aseguré—. Si mañana no sé de ella, comenzaré a buscarla.

Se ofreció a quedarse conmigo para que no estuviese solo durante la noche, pero le pedí que fuese con Querit, asegurándole que yo estaría bien.

Tal y como Andrés había pronosticado, en cuanto el anochecer hizo acto de presencia, mi añoranza se multiplicó. Ocupé el hueco que el cuerpo de Rebeca había dejado en el sofá y luego no pude evitar acostarme en su lado de la cama.

Intenté inútilmente dormir. Los recuerdos se convocaban en mi mente y la invadían haciendo que mi pensamiento girase a un ritmo agobiante. Evoqué, de manera repentina, ese momento en que, sin ser novios todavía, Rebeca y yo caminábamos por la calle y de improviso nos separamos un poco, nos miramos hasta lo más hondo y comprendimos que nos iba a ser imposible, desde ese momento en adelante, vivir el uno sin el otro. Y sentí que, de verdad, se me hacía imposible vivir sin ella, pero ahora estaba en un instante en el que nada era predecible, cualquier desenlace se podía dar.

Y de ese recuerdo pasé al día en que acudí a nuestra cita en el parque —siempre en el parque— donde le di la sorpresa de aparecer con las alianzas de boda. Quise grabar en ellas las palabras que mucho tiempo atrás había leído, y que Ovidio, en su obra mitológica, pone en la boca de Filemón y Baucis. En mi alianza, decía *Auferat hora;* en la de Rebeca, *Duos eadem.* Cuando ella lo leyó y me miró con gesto de no entender nada, le aclaré que el texto que surgía de la unión de ambas alianzas venía a ser: «Que Dios nos llame a los dos a la misma hora». Rebeca, cuando entendió el sentido de la súplica, me abrazó llorando y prometió aprendérsela en latín.

Los primeros años de casados no podíamos estar el uno sin el otro, ni sabíamos caminar por la calle sin ir tomados de la mano. ¡Cuántos recuerdos! Aquellos juegos cuando Rebeca se escapaba y reía, y la perseguía yo por la casa entera, fingiendo un triunfo para cobrar como botín besos largos y apretados, boca a boca; aquel cogerle la cara con ambas manos y estarme en silencio mirándole el alma por los ojos y, sobre todo, cuando apoyaba mi oído sobre el pecho de ella, ciñéndole con los brazos el talle, y escuchándole la marcha tranquila del corazón, le decía: «¡Calla, déjale que hable!»

¡Los hijos!

Ellos fueron nuestras primeras grandes meditaciones. Porque pasaron un mes y otro y muchos más... Hasta que se convirtieron en años, y al notar que no había señal ni indicio de que hubiese fructificado nuestro amor, comenzó un dolor sordo con sabor a decepción.

Al principio de nuestro matrimonio fue, sí, el imperio del deseo; no podía tocar el cuerpo de ella sin que el mío se encendiese y alborotase y empezara a martillarme el corazón.

Pasando el tiempo, la pasión se atenuó, pero también el amor maduró y llegó al punto de que si ponía mi mano sobre la piel desnuda de ella, era como si la hubiese puesto en la propia tan tranquilo me quedaba; mas también si se la hubieran cortado, me habría dolido como si me la cortasen a mí.

Pero el paso del tiempo y el incremento del trabajo fueron haciendo que algo entre nosotros se resquebrajase. La evocación me estaba torturando. Cerré mis ojos con fuerza y me tapé los oídos con ambas manos, intentando bloquear todas las vías de entrada a mi cerebro. Finalmente, acudí al único recurso que podía ser efectivo en ese momento: me arrodillé, posé la frente en el colchón y oré con la mayor intensidad de la que fui capaz.

AMANECER Y REENCUENTRO

Cuando desperté, la mañana había iniciado su camino casi deslumbrador. La luz del día se filtraba por las rendijas de la persiana. Ni una nube en el cielo. La primavera, sencilla y misteriosa, se ofrecía igual que una descomunal mano abierta y húmeda.

Abrí el ventanal y me recosté en el alféizar. En el pecho, oprimido de nuevo —tal vez nunca había dejado de estarlo—, sentí el silbido de una alarma. El clima parecía haberse aliado con las circunstancias. El sol engañaba, pues sentí mucho frío, pero yo creo que lo llevaba por dentro, pues aunque cerré la cristalera, la ventana dejaba pasar gélidos cuchillos más propios del invierno. Me dio la impresión de que la hoja de cristal no encajaba, y fue en el momento en que quise cerrarla con más fuerza, cuando la vi cruzar la puerta de acceso al jardín.

Rebeca estaba llegando. Vestía la misma ropa del día anterior; su cabello se veía desarreglado y parecía enhebrado de oro por el sol; me pareció ver que sus ojos lucían hinchados, seguramente por la falta de sueño y el exceso de llanto.

Ahora sí, me congelé. Debí haber salido corriendo a recibirla, pero ni un solo músculo me respondió. Enseguida cruzó la puerta de acceso al salón y, al verme, se detuvo.

—Me alegra que hayas venido —le dije desde los cinco metros que nos separaban. No sabía si debía correr a abrazarla o respetar la distancia que ella había establecido.

—Vine a ducharme y a buscar ropa —su rostro era la imagen de la desolación, pero su voz sonaba firme.

—Por favor, déjame que te explique —me senté en el sillón beige de tres plazas, el mismo en el que un día antes había detonado el explosivo que arruinó nuestra relación, y, con un gesto de súplica en mis ojos, le señalé el espacio a mi lado.

—Mira, ya que lo dices —prefirió ocupar el sofá de enfrente—, y aunque no veo futuro para nuestro matrimonio, necesito que me lo cuentes todo, sin dejar nada escondido.

En mi mente se agolparon mil palabras de justificación: el cansancio, los viajes, las pocas reservas de energía, el diablo y sus artimañas, «solo fue una vez y no volverá a ocurrir...». Todas se acumularon en el disparadero, listas para salir en mi defensa, pero frente a ellas se cruzó el argumento de Andrés. «No hay nada peor que saberse pecador, y no hay nada mejor que sentirse perdonado, y entre ambas condiciones lo que media es una confesión honesta, sin justificaciones».

—He pecado contra Dios y contra ti —las frases brotaron de manera espontánea, sin premeditación ni ensayo—. No merecías que lo hiciera, pero lo hice. No merecías mi traición, pero te traicioné. No merezco tu perdón... No lo merezco, pero lo necesito.

De nuevo, con su increíble capacidad para dejar fluir las emociones y sin que apenas se alterase su semblante, lloró a mares. Me incorporé y acercándome intenté tomar su mano, pero la retiró rápidamente y se incorporó del asiento, como activada por un resorte.

—Si me lo permites, te lo contaré todo —le dije rápidamente, temiendo que fuera a marcharse—. Absolutamente todo...

—Hazlo —dijo sentándose de nuevo.

Regresé a mi lugar y, desde allí, le narré los acontecimientos que ensuciaron mi vida y ministerio. El pecado que nunca debió haber ocurrido, pero ocurrió. No busqué atenuantes y tampoco opté por una sinceridad destructiva, simplemente confesé, sin paliativos ni justificaciones.

La amalgama de sensaciones que experimentaba durante la confesión era abrumadora: a medida que iba relatando los hechos, sentía que sacaba de mi interior una basura que había estado intoxicándome durante semanas, pero por otro lado, percibía que cada palabra era una palada de arena que iba sepultando nuestro matrimonio. Cada nuevo detalle era una piedra que impactaba sobre el cristal de nuestra relación, pero a la vez, percibía que de mi interior iba brotando la negrura que lo había empañado todo en el último tiempo. La emoción que me embargaba era mezcla de muchas: advertía que algo afuera se hacía trizas, pero dentro de mí una parte destruida se recomponía. Recordé las palabras de Andrés: «Para encontrar la dracma perdida hay que revolverlo todo, de otro modo la calma que reina en la casa es ficticia y engañosa; no hay polvareda ni desorden, pero el tesoro sigue perdido. A veces hay que demoler una aparente calma para hallar la verdadera paz».

Y en esa ilógica respuesta del ser humano frente al estrés, ocurrió que mientras yo iba desgranando detalles de mi truculenta historia, a la vez recordaba el hecho que se dio en la clase del seminario, cuando un alumno interpeló a Andrés con una difícil pregunta: «¿Por qué Dios permite la noche?», y por si el profesor no hubiese captado la alegoría, aclaró: «Estoy refiriéndome a la noche del alma; a esas cosas que ocurren a veces y oscurecen nuestra vida». La respuesta de Andrés no se hizo esperar demasiado. Reflexionó lo justo para ordenar las tres frases, concretas y contundentes, con las que dio respuesta al joven: «Creo que Dios permite la noche porque hay frutas que solo maduran bajo la luz de la luna, la luz del sol las quema. Flores de belleza exclusiva y pétalos tan delicados que solo crecen en el anochecer. Hay áreas de nuestro carácter que solo se forman en la universidad radicada en el corazón de las sombras».

Y aun vertiendo retazos de mi historia sobre el alma deshecha de Rebeca, yo reflexionaba en si la noche que estaba viviendo haría madurar frutas o más bien las pudriría. Si formaría mi carácter o destruiría mi matrimonio. De cualquier modo, ya era tarde para evaluaciones; no era tiempo de hacer cálculos, sino de vaciarme, ocurriera lo que ocurriese.

—En medio del éxito ministerial que vivía, no me daba cuenta de que me estaba volviendo un petulante engreído que creía coger el cielo con sus manos —me escuché decir—. Pero mientras yo creía tocar el cielo con los dedos, el infierno estaba aprisionándome entre sus garras.

—Supe que algo te ocurría; lo supe hace años y mil veces intenté decírtelo, pero nunca lo admitías —Rebeca había comenzado a hablar mirándome a los ojos, pero concluyó la frase apartando la mirada.

No exageraba un ápice al apuntar a años atrás como el comienzo de mi declive. Mi desplome se produjo en un instante, pero la ruina se inició mucho antes. Un largo proceso de gestación al que ella no fue ajena, porque Rebeca sabe ver, en el paisaje de mi rostro, cambios como los que se perciben en un cielo de otoño que ahora se cubre y enseguida se entreabre.

Proseguí con mi narración: «El acoso de aquella mujer duró bastante tiempo. Me abordó cada día durante las dos semanas de conferencias. Puse toda mi resistencia a su hostigamiento, pero una noche en que llegué muy desanimado a la soledad del hotel, inesperadamente, me asaltó una idea que traté de rechazar sin conseguirlo. Mi mente, demasiado baja de defensas, sucumbió al asedio. Marqué el teléfono que ella me había dado y enseguida la tuve cerca».

Tosí nervioso y luego inspiré; la declaración había precisado de todas mis reservas de oxígeno y me sentí desfallecer. Rebeca, que durante mi relato mantuvo la mirada en el suelo, había alzado la cabeza; su rostro macilento, desolado, con una exangüe expresión, me enfocó con fijeza, casi con dureza. Me sentí intimidado, pero ya había abierto la compuerta de la confesión y no cometería el error de dejar nada oculto, así que continué desgranando los hechos. Ella, en los detalles más sensibles, volvía a doblegar la mirada y movía su cabeza de lado a lado.

Concluí minutos después: «Eso es todo, Rebeca —quise haberle dicho Reby, como siempre le decía, pero tras la truculenta narración sentía mi boca sucia y no quise mancillar ese íntimo apelativo—. Ahora conoces todos los detalles».

Volví a llenar mis pulmones de aire. Estaba exhausto, como si hubiese escalado una empinada y escarpada ladera. Exhalé, guardé silencio unos segundos y, sintiéndome violentado por su mutismo, volví a decirle: «Fue algo que ocurrió una sola vez, pero ocurrió. Comprenderé perfectamente cualquier reacción que tengas. No merezco tu perdón —y volví a decirle—: no lo merezco, pero lo necesito... Te necesito...».

Aún guardó silencio por un tiempo en el que creo que reflexionaba. Al cabo de unos minutos que se me antojaron diez vidas, simplemente se incorporó.

—¿Vas a marcharte? —pregunté.

—¿Te sorprende que lo haga? —su voz y la expresión de su rostro eran una mezcla de acero y de hielo—. ¿Acaso esperabas que después de esto siguiera a tu lado como si tal cosa?

Desvié los ojos para no herirme más con aquellas pupilas duras como puntas de alfiler, y vi, a través de los cristales, a dos mariposas amarillas jugando entre el romero en flor del macizo de enfrente. La vida se derramaba allí afuera, pero en el interior lo que serpenteaba era la muerte.

—¿En serio te marchas? —inquirí de nuevo.

—De eso no te quede la menor duda —se dirigió al dormitorio y abrió con furia la puerta donde estaba su ropa.

—Quédate aquí —le dije—. Yo me iré. No tienes por qué abandonar tu hogar.

—¿Hogar? ¿Llamas a esto hogar? —un doloroso sarcasmo teñía las preguntas.

—Andrés me ha ofrecido estar con ellos el tiempo que sea necesario —me había aproximado y puse mi mano sobre su hombro. Al sentir mi tacto se apartó veloz, como si hubiera recibido una descarga eléctrica.

—Te pido por favor que me dejes sola para preparar mis cosas... —el hielo endurecía sus palabras.

—Te lo suplico, déjame que intente arreglar esto —rogué.

—La persona que te rompió no puede ser la misma que te arregle —sus palabras sonaban secas; tan ásperas que arañaban. Con su mirada, me instó a que saliese de la habitación, pero solo me retiré hasta la puerta del dormitorio. Ella continuó tomando ropa del armario, la doblaba y la metía en una maleta; al ver que seguía mirándola volvió a hablarme; cada sílaba era un disparo al corazón—. ¿Recuerdas las palabras de Neruda? —se incorporó para mirarme con fijeza—. Seguro que sí, pues me dijiste que era tu escritor favorito —pronunció con sarcasmo, meneando de un lado a otro su cabeza—, a no ser que eso también fuese mentira. En fin, él dijo: «Hay heridas que, en vez de abrirnos la piel, nos abren los ojos». Pues eso es lo que me ha ocurrido: he abierto los ojos y no puedo ni quiero cerrarlos.

Salí sin argumento alguno y la esperé en la puerta de la calle para despedirla. Salió con la maleta en la mano y una expresión arisca y desabrida en la cara. Me incliné para besarla, pero ella se hizo a un lado.

—Por favor, no te marches... —un último intento, una súplica más.

—Me ayudará no estar rodeada de imágenes que me recuerden nuestra relación —se giró con desdén y se alejó con paso firme. Al volante del coche que la esperaba vi a su amiga Marisa. Apartó los ojos al saberse observada, pero antes de que lo hiciera pude notar severidad e inclemencia en su mirada.

Junto a Rebeca, la primavera se fue como un gustoso aroma, y el invierno, con sus cuchillos de hielo, se abrió paso en mis entrañas. Recordé la frase que alguien me dijo: «El amor es tan fuerte como la muerte y a la vez tan frágil como el cristal».

Se me derrumbó algo dentro; me aleteó algo en el cuello y se me humedecieron los ojos... «Es normal que se vaya —me dije—, es completamente entendible. Pero no debo renunciar. Tengo que buscar cualquier ocasión para mostrarle el amor que por ella siento». Sin embargo, sabía que no me resultaría fácil revertir la situación. La confianza lleva años construirla, pero en un segundo puede ser destruida.

Volví a la ventana desde la que la vi llegar, en una vana ilusión, tal vez, de verla aparecer de nuevo. Nadie en el jardín... ¿Nadie? Junto al romero en flor ya no había mariposas, pero una blanquísima paloma bebía del pequeño charco que el riego automático dejó.

Parte 3

DISECCIONANDO EL CUERPO

COMIENZA LA AUTOPSIA

Un día tras otro esperamos que suceda algo grande; algo que señale con piedra blanca y decisiva una fecha; algo que subraye con un círculo fosforescente una cifra de nuestro calendario. Sin embargo, lo más grande que nos sucede y nos sucederá es la vida misma.

¿Qué necesitamos para convertir en inconfundible un día? Ocurre con frecuencia que tenemos que perder a personas y lugares para darnos cuenta de que éramos felices y no lo sabíamos, o debemos extraviar cosas para saber que, al tenerlas, éramos ricos y lo ignorábamos. Así me ocurrió. Esa mañana —la primera en soledad— desafié a la temperatura que todavía era fresca y salí a pasear. Miré el jardín sombrío bajo un cielo panza de burra, como lo llamaban en mi infancia, del que irradiaba una extraña luz rosa. Era un día mucho más invernal que primaveral.

Me detuve frente al jardín donde se mezclaban las hierbas aromáticas y recordé cuánto tiempo habíamos tardado en crearlo porque queríamos localizar el punto exacto y la dirección en que soplaba con más frecuencia el viento. «¡Aquí! ¡Este es el lugar! —exclamó ella al regreso de uno de mis viajes—. Esta semana pude verlo claro: cuando hay brisa, suele soplar de aquí hacia la casa, y, de este modo, nos acercará el aroma». En ese circuito colocamos las plantas y también el banco de madera, de modo que, con la más mínima brisa, el perfume alcanzase a quien reposara en el asiento.

Poco después, cuando hube sembrado las plantas aromáticas, me recriminó que las hubiera puesto todas revueltas: «Los olores se van a revolver y solo se distinguirá el de la hierbabuena, que es mucho más intenso que el del romero o la lavanda».

Ahora, añorando esas conversaciones, despeiné con mi mano los largos tallos y un olor, mezcla de varios, ascendió como una humareda. Efectivamente, la hierbabuena imponía su rotundo aroma sobre los más sutiles del tomillo, el romero y la lavanda. Rebeca tenía razón.

Tomé algunas ramas de hierbabuena y las oprimí entre mis dedos. Siempre me fascinó esa forma de morir que tienen algunas plantas: impregnando de fragancia las manos del verdugo. Hay quien taladra con púas la garra del opresor y hay quien replica a la ofensa con un bálsamo; no depende de la inquina del atacante, sino de la naturaleza del atacado. Si pateas un barril lleno de vinagre, será eso lo que te salpique; pero si haces lo mismo con un depósito de miel, serás rociado de dulzura. No es la agresión, sino la naturaleza del agredido.

Sentí la urgente necesidad de que mi naturaleza cambiase. En el último tiempo, mis actitudes eran irritables, agresivas y obcecadas. Rebeca me lo dijo muchas veces: «Estás siempre impaciente y enfadado. ¿Qué te está ocurriendo?». Analicé la situación y pude ver claramente que la variación de mi carácter había coincidido con una creciente distancia del corazón de Dios: a medida que mi comunión decrecía, mi irritabilidad se acentuaba.

Aún con las hojas de hierbabuena entre mis dedos, cerré mis ojos y supliqué a Dios que me ayudase a regresar al punto en que tomé la bifurcación equivocada. Quería volver al punto de inflexión; necesitaba desandar el camino, regresar al origen, convertir el corazón de Dios en almohada y reposar, cambiar, renacer.

Me senté en el banco de madera, bajo el gran abeto. ¡Cuántos momentos habíamos pasado conversando allí Rebeca y yo! Cada Navidad convertíamos las ramas de ese árbol en un mágico incendio de luces. Pero hacía años que no disfrutábamos juntos de eso. Intenté recordar cuántas navidades llevaba Rebeca pidiéndome que decoráramos juntos el abeto. Eran muchas... demasiadas...

Había llegado a la cumbre de mi ministerio, acariciaba el reconocimiento y la fama, pero pasaba excesivo tiempo sin acariciar la mano de mi esposa.

Una suave brisa se levantó y acercó la fragancia de las hierbas aromáticas, entonces caí en la cuenta de que desde que desperté no había hecho otra cosa que pensar en ella. Cada cosa me hablaba de Rebeca: el romero, el abeto, el banco de madera... «Porque sin buscarte te ando encontrando por todos lados, principalmente cuando cierro los ojos». Esas palabras de Julio Cortázar se mecieron en la superficie de mi conciencia.

Paseé mis ojos por el jardín que explotaba de vida. El tibio sol se abrió camino entre las nubes y lo bañaba todo, lo redimía todo, lo bendecía todo. El lilo había comenzado a desperezarse; visto a la distancia, semejaba una sucesión de pinceladas de suave violeta. Me acerqué para observar sus racimos de pequeñas flores: ya exhalaban su perfume sutil, casi tímido, pero delicioso. Inspiré profundamente y fui consciente de que había olvidado lo que era apreciar la naturaleza desde la quietud. Próxima al lilo, crecía la hortensia color azul pálido; miré sus flores rígidas y rotundas. Todo a mi alrededor era vegetación que, al cuarto de hora de estar en ella, me envolvía y sedaba, y pájaros deliciosamente entrometidos que ponían enloquecida música a la escena. Podía ver y sentir la firma de Dios en cada milímetro del jardín, todo eso lo tenía desde hacía años, pero fue necesario que me detuviera para apreciarlo. Qué razón tuvo quien dijo que a veces hay que estar cojo para no estar ciego; hay que dejar de correr para comenzar a ver y detener la veloz marcha para levantar la vista.

Ahora lo miraba y admiraba... Solo había un problema: ella no estaba, y, sin poder verla a través de sus ojos, la hermosura se disipaba. Recordé las palabras de Carlos Ruiz Zafón: «Nada en esta vida vale dos duros, si no tienes a alguien con quien compartirlo». Observando las flores arracimadas del lilo y percibiendo el suave aroma que desprendían, recordé la pregunta que hicieron a alguien: «¿Cuál es la diferencia entre *me gustas* y *te amo*?». La respuesta manifestó la sabiduría del interpelado: «Cuando te gusta una flor la arrancas, cuando amas una flor la riegas y cuidas todos los días. Quien entiende esto, entiende la vida».

Con las manos sobre la cara, me eché a llorar. Los primeros segundos estuve convencido de que lloraba por la belleza que tenía delante, pero pronto comprendí que no era así: lloraba por mi vaciedad y desamparo. Tomé el teléfono que llevaba en el bolsillo de mi pantalón y marqué el número de Andrés; necesitaba compañía; necesitaba ayuda y dirección. Dentro de mi pecho, en algún lugar localizado tras las costillas, tuve la impresión de que mi corazón sangraba.

CUANDO EL MINISTERIO CRECE, EL MINISTRO DEBE DECRECER

Apenas dos horas después, Andrés me abrazaba en la puerta de su casa. Mantuvo sus brazos en torno a mí durante, al menos, diez segundos, y cada uno de ellos supuso una inyección de calma en mi sistema nervioso central. Vino a mi memoria la frase que mi madre me dijo cuando cumplí los diez años de edad: «Regala abrazos siempre... Un abrazo es un traje que se adapta a todos los cuerpos y un abrigo que cobija el alma de cualquiera». Al separarnos y mirarlo, pude ver que sus ojos estaban húmedos. Andrés lloraba por mí.

—Perdona —se enjugó los ojos con el dorso de su mano derecha—, cuando uno envejece se vuelve sensiblero...

—Ni es usted viejo ni sensiblero —le interrumpí—. Gracias —repuse poniendo mi mano sobre su hombro—. No recuerdo la última vez que vi a alguien llorar por mí... Bueno, en realidad sí, a Rebeca, pero fueron lágrimas distintas y hubiera deseado con toda mi alma no haberle dado motivos para derramarlas.

Se detuvo ante la puerta de entrada a la casa: era de aluminio blanco, con los márgenes y la parte superior decorados con recuadros de cristal, y me hizo una seña para que pasara.

—Querit enseguida irá a la iglesia para atender algunos temas —me explicó—, pero cuando supo que venías quiso hornear algunas de tus galletas preferidas.

—¡Qué amable es usted! —saludé a Querit, quien aún tenía el delantal puesto y las manos embadurnadas de harina. Se notaba el calor que desprendía el horno y el delicioso aroma de lo que se horneaba—, esta cocina huele a mis galletas favoritas. Pero, Querit, no tenía que haberse molestado...

—¡Chist! —Andrés puso el índice sobre su nariz y boca pidiéndome silencio—. ¡No digas eso; es la única manera en la que puedo disfrutar de ese manjar! A mí no me las hace porque dice que me perjudican el azúcar.

—¡Entendido! —sonreí y Querit soltó una carcajada.

—Ven —me pidió Andrés—. Si no tienes inconveniente, hoy estaremos en mi cuarto de lectura.

—Enseguida llev las galletas —prometió Querit.

Al entrar al cuarto de lectura, me sorprendió ver la chimenea encendida.

—Espero que no tengas mucho calor —se disculpó Andrés al ver que observaba el fuego—. Sé que ya es primavera, pero esta casa está desprotegida y enciendo el hogar un rato en las mañanas mientras leo y estudio —se encogió de hombros al añadir—: con el paso de los años perdemos el calor del cuerpo y debemos recurrir a fuentes externas.

—Me encanta verla encendida —exclamé—. Siempre que la vi pensé que la chimenea era solo decorativa.

—¡Decorativa! —dijo mientras señalaba a un sillón que había cerca del fuego para que me sentara. Él, con tremenda agilidad, ubicó su silla al otro lado—. Esta chimenea la construí yo mismo, por supuesto, cuando todavía podía caminar; la hice antes de introducir ni un solo libro en esta habitación. Pocas cosas me deleitan tanto como sumergirme en la lectura, mientras escucho el crepitar de los leños y siento el calor del hogar encendido.

Mis ojos recorrieron aquella sala de lectura; no era la primera vez que la visitaba y siempre me fascinó: más que una sala de lectura, parecía un museo del libro; de hecho, era más grande que el salón principal, lo cual denotaba las claras prioridades de Querit y Andrés. Dos de las paredes estaban cubiertas por estanterías desde el suelo hasta el techo en las que se acumulaban cientos de libros. Estaban tan perfectamente ordenados y alineados que daba la impresión que tenían un fin más ornamental que didáctico; aunque, de sobra, sabía que no era así. Otra de las paredes estaba ocupada por un gran ventanal que se asomaba al jardín y, finalmente, la pared donde se ubicaba la chimenea tenía toda la parte superior decorada con cuadros alusivos a escenas bíblicas o frases de clásicos de la literatura. Entrecerré los ojos para intentar leer una que se atribuía al escritor bilbaíno Miguel de Unamuno.

—«Cada nuevo amigo que ganamos en la carrera de la vida nos perfecciona y enriquece más aún por lo que de nosotros mismos nos descubre, que por lo que de él mismo nos da» —Andrés recitó la frase sin apartar de mí su mirada—. La sé de memoria —dijo ante mi gesto de sorpresa— porque forma parte de mi ideario más esencial. Unamuno nos dijo ahí la gran verdad de que hacer el camino a solas nos empobrece y que cada amigo que sumamos en la vida nos ayuda a descubrir los tesoros que tenemos.

—«Creo en Dios porque creo a Dios» —leí en la lámina que estaba al lado y que mostraba un cielo de azul purísimo en el que se adivinaban varias aves en pleno vuelo.

—También de Unamuno —replicó Andrés—. Uno de mis pensadores favoritos.

Tras un momento de silencio y con voz reposada, comenzó a declamar el texto que había localizado en la Biblia:

—*Él debe brillar cada vez más, mientras yo he de ir ir quedando a la sombra*[17] —y explicó a continuación—: algo que comprendí hace muchos años es la riqueza que hay en comparar diferentes versiones de la Biblia: me refiero a cotejar un mismo versículo en traducciones distintas. Eso no tuerce el sentido del texto, y sí lo enriquece mucho. Es como proyectar luces sobre el mensaje que la Biblia pretende transmitir. Definitivamente, si pretendemos abocarnos a un estudio serio de las Sagradas Escrituras, debemos echar mano de cuantas versiones serias y contrastadas podamos; de hecho, yo que habitualmente utilizo la clásica, pero maravillosa Reina Valera de 1960, acabo de leerte la versión La Palabra.

Sonreí ante su esfuerzo por explicarme lo que, para mí, y gracias a él, ya era una costumbre ineludible. Me sentí trasladado al aula del seminario donde Andrés impartió la asignatura de Introducción al Antiguo y al Nuevo Testamento; nos daba ese mismo consejo no menos de dos veces por semana. Mientras lo observaba aproximarse a su abarrotada librería, sentí la tentación de mencionárselo, pero opté por no hacerlo. Evoqué cómo él mismo había respondido a un alumno que, con cierta insolencia, le reprochó estar repitiendo algo que ya había dicho antes: «Joven, si un principio no merece ser repetido, tampoco merece ser enseñado una vez».

---

17 Juan 3:30 (BLP)

Andrés tomó un grueso volumen y se aproximó. Obviamente, era una Biblia. Volví a sonreír al recordar el día en que le dije que podía ahorrar tiempo, espacio y esfuerzo consultando en la memoria de su teléfono, pues cientos de versiones de la Biblia estaban a la distancia de un clic. Me contestó afirmando que quizá un día no le quedaría más alternativa que subirse a lomos de la tecnología, pero que iba a resistirse como gato panza arriba; siguió riendo al tiempo que afirmaba que, mientras pudiera, seguiría optando por el aroma del libro impreso, por el deleite de pasar las páginas haciendo pinza con los dedos índice y pulgar, y por escribir anotaciones en los márgenes con su bolígrafo de punta fina y tinta verde... Por algo tenía cuatro mil setecientos treinta y dos libros en su cuarto de lectura.

Le pregunté asombrado por la cantidad de libros, a lo que me respondió que todos estaban clasificados, ordenados y registrados en un cuaderno, y añadió riendo que quien quisiera podía venir y estar aquí el tiempo que deseara de lectura y consulta, pero que nadie tenía permiso para sacar un libro de la habitación, pues eran su mayor tesoro.

Ahora, mientras se acercaba con la Biblia, paseé la mirada por las enormes estanterías y pensé que ya debían ser muchos más los libros que se acumulaban en los abarrotados estantes. No pude resistirme a preguntarle:

—¿Sigue consultando las Biblias y los libros en papel impreso?

—Así es, aunque no voy a negarte que tengo algunos textos de consulta en la memoria de mi teléfono, pero la mayoría de mis materiales de estudio siguen estando allí —señaló a los saturados estantes.

—¿Y cómo hace para alcanzar los libros que están más arriba? —sentí algo de apuro por mi pregunta que aludía a su discapacidad—. Quiero decir, al no poder...

—¿Levantarme? —salió en mi auxilio—. Los impedimentos solo están…

—En la mente —lo atajé, concluyendo la frase y él rio.

—Para eso está mi mano mecánica —dijo poniendo tono de intriga. De debajo de su mesa sacó un artilugio metálico, una vara que terminaba en una pinza, también de metal. Desplegó la barra telescópica y me dijo—: observa, voy a alcanzarte el libro más alto e inaccesible —con tremenda pericia, aproximó la pinza y agarró por el lomo el grueso volumen. Luego lo hizo descender con total seguridad y lo puso sobre la mesa.

Emocionado como un niño que destapa un regalo, abrió la Biblia y leyó:

—*Él debe tener cada vez más importancia y yo, menos*[18]. ¡Me encanta cómo reza en la Nueva Traducción Viviente el texto que acabo de leerte! El primo de Jesús, Juan, tenía bien claro que el camino a la grandeza es descendente. Temo que hoy ese principio ha perdido fuerza —reflexionó durante unos segundos, como ordenando en su mente la idea que quería transmitirme—. Supongo que ha sido un mal que siempre aquejó a la especie humana, pues hace más de setenta años ya Winston Churchill se lamentó diciendo: «El problema de esta época es que los hombres no quieren ser útiles, sino importantes». Ocurre que, en el ámbito natural, la grandeza se mide por cuánto tienes, pero hay una dimensión muy superior, en la que habitan las personas de mayor talla moral; allí la grandeza se calibra por cuánto eres capaz de dar. Del mismo modo, la mayoría conecta grandeza a cuántos sirvientes tienes, pero la auténtica dignidad se mide por a cuántos eres capaz de servir.

—Intuyo que si me dice eso en nuestra «primera clase» —apliqué un poco de sarcasmo a mi voz—, es porque me ha

---

18 Juan 3:30 (NTV)

notado demasiado crecido —de sobra sabía que Andrés no daba puntada sin hilo.

Su silencio y su sonrisa fueron una elocuente respuesta afirmativa. Justo en esa pausa, entró Querit llenando el ambiente con el aroma de las galletas.

—Están recién horneadas —dijo depositando el platillo con decoraciones florales en el centro de la mesa—. Espero que les gusten.

—Gracias, cariño —dijo Andrés tomando la mano de su mujer y besándola. La miraba como si la descubriera a cada instante.

—He preparado otro platito para que se lo lleves a Rebeca —me dijo, y enseguida reparó en la frase pronunciada y añadió con tono de disculpas—: lo siento, ya me dijo Andrés que ella salió de vuestra casa, pero confiemos en que no tardará en regresar.

Agradecí con un asentimiento de cabeza e intenté fabricar una sonrisa, temo que sin conseguirlo.

—Ánimo, David —Querit tenía esa cualidad innata en pocas personas de sonreír con los ojos más que con la boca y crear una atmósfera confiada y confiable—. Verás cómo pronto podremos sentarnos juntos los cuatro y toda esta situación se convertirá en una enseñanza.

Salió Querit, del cuarto de lectura, dejando en el aire un aroma de esperanza que se mezclaba con el de aquellas galletas recién horneadas.

—Cuando el ministerio crece, el ministro debe decrecer —Andrés me tendió el plato de galletas para que tomase una, mientras retomaba su discurso—. Hijo, esto no es una opción, sino una necesidad. Nuestro llamado no es a ser estatuas, sino pedestales que alcen al único monumento —señaló hacia arriba mientras afirmaba con la cabeza—. Temo que en el ámbito eclesial damos demasiada importancia a las posiciones visibles y olvidamos la importancia de los ministerios invisibles. El escaparate antes que la trastienda —ahora negó, llevando su barbilla de hombro a hombro, mientras decía—: eso no es estar a disposición, eso es buscar la exposición. Funcionamos mejor bajo el aplauso que en la recámara escondida. Mientras tanto, Dios sigue engarzando joyas en la oscuridad y labrando tesoros en el silencio y en la intimidad —hizo un silencio intencionado que logró redoblar mi atención, y enseguida añadió—: amamos ser alzados por la mano de Dios, pero quien quiera estar en Su Mano, primero debe estar a sus pies. Es tiempo de recordar el sabio consejo de Spurgeon: «No se trata de dónde estás, sino de quién eres, y no se trata de cuánto y cómo eres visto, sino de cómo vives a los ojos de Dios».

Le escuchaba con atención extrema y él lo notó, por eso continuó su discurso:

—Cuídate mucho de los profetas de grandezas que llegan con pomposas premoniciones y te empujan al podio. Me niego a trastornos repentinos. Me niego a que alguien llegue y me ponga el corazón patas arriba. Los videntes del Evangelio (los hay, como también hay siervos responsables que usan con respeto y acierto la Palabra) me han vaticinado cosas nuevas y deslumbrantes: grandezas, congresos ostentosos, viajes inusitados, fortunas invasoras... No me atraen tales obsequios. Prefiero la más sencilla convocatoria divina a la más fastuosa invitación humana. Por muy azules y vehementes que sean, los rechazo. Que me den la vuelta como se da la vuelta a un calcetín no me hace gracia ya: mi corazón está para poquitas vueltas, y no admite ni siquiera vueltas de campana. Quiero la serenidad y la paz, cerrar mis ojos y sentir que estoy donde Él espera que esté. No me atraen los efectos especiales, ni las estrellas rutilantes, ni los fuegos de artificio; me quedo con la sencilla luz de una vela —ante mi sorpresa, se incorporó y tomó de un estante una pequeña vela de cera blanca y un encendedor. Depositó la vela sobre un candelabro dorado de siete brazos, en concreto sobre el brazo central, y prendió la diminuta mecha—. ¿Ves esa pequeña llama? —asentí; obviamente la veía—. ¿Verdad que alumbra sin deslumbrar? —alzó el candelabro y la pequeña llama osciló—. Esta vela no está dando brillo: está entregando su vida. Se está consumiendo en el empeño de desterrar tinieblas. ¿Puedes apreciar que a medida que la vela alumbra se va haciendo más pequeña? Sin embargo, la llama tiene más longitud. ¿Será esa la razón de que los hombres y mujeres que son tocados por la gracia de Dios hacen cosas maravillosas, pero ellos son cada vez más sencillos y exhalan humildad? No es tiempo de dar —insistió—, sino de darse —y tras un oportuno silencio, remachó—: no eres lo que tienes, eres lo que das. Eso es ser siervo en el enorme sentido de la Palabra.

Mientras las palabras de Andrés iban dejando un regusto de miel en el paladar de mi alma y degustaba las deliciosas galletas de Querit, vi en el vierteaguas de la ventana que había a la izquierda una paloma blanca, supuse que muy joven. Bajo la luz se esponjaba; se desperezaba; se acicalaba. Hacía una menuda gimnasia de alas breves y patas frágiles que la mantendría en forma.

De golpe la voz de Andrés me trajo de vuelta al cuarto de lectura:

—Pero si yo coloco seis velas sobre los brazos restantes y las prendo, la luz se multiplica y el calor que desprende el candelabro también.

—¿Es la Menorá?

—¿Perdón?

—Ese candelabro —señalé al candelero que Andrés sostenía en su mano—, es una representación de la Menorá hebrea, ¿verdad?

—Así es —afirmó—. Como seguramente sabes, para nosotros los cristianos, el brazo central representa a Jesucristo, que es, como puedes ver, el pie donde se sostiene todo el candelabro y del que salen tres brazos hacia la derecha y otros tres hacia la izquierda. ¿Te das cuenta? —con su dedo índice tocó el brazo que hacía el número cuatro—. La grandeza del cielo rodeada de humanos: Dios es tan grande que no teme hacerse pequeño —señaló a los seis candeleros que salían del pie central. Y dijo—: muchos coinciden en decir que tres representan al pueblo judío y los otros tres, a los gentiles, unidos a un mismo cuerpo: Jesucristo; pero lo que quiero hacerte notar ahora es que las siete llamas prendidas logran que la luz y el calor se multiplique —y concluyó afirmando—: lo mires por donde lo mires, no es conveniente el exceso de soledad.

—Así que todo se sostiene en Jesús —dije—, Él es la luz central y el soporte del resto de luces.

—Quita de ahí ese soporte y todas las demás luces se quedan en el vacío. Cuanto antes entendamos que casi nada depende de nosotros porque todo depende de Él, será mejor para todos. Cuando estamos cerca de Él, se nos quitan los aires de grandeza y los trofeos se derriten como si fuesen cera —reflexionó un instante antes de decir—: temo que estamos demasiado preocupados por el tamaño de los templos y la magnitud de los ministerios. Demasiado inquietos con preguntas como «¿Cuántos?», mientras que Dios sigue preguntándose «¿Quién y cómo?» —su rostro adquirió un aspecto sombrío al ratificar—: sí, demasiados ministros, inmediatamente después de saludarte te preguntan: «¿Cuántos tienes?» —ahora rio al matizar—, pero Dios sigue acercándose al ministro y susurrándole: «¿Quién es...?», «¿Cómo vive...?», «¿Cómo se siente y qué le inquieta?». A Él le importa mucho más el estado de sus hijos que los estados de cuenta. La Iglesia no debe ser un monumental cementerio blanqueado. Hay cementerios que

me recuerdan a iglesias e iglesias que me recuerdan a cementerios. Bellísimos parques llenos de magníficos panteones que
asombran por su presencia; parecen monumentos. Hay lujo,
belleza, impecable imagen... Hay de todo, menos vida. Es el
negocio de la muerte.

Yo escuchaba con asombro la verdad que fluía de aquellos
labios y la determinación con la que Andrés acumulaba sentencias que destilaban potente sabiduría. Frente a nosotros,
las velas seguían regalando su luz mientras se consumían.
Cada segundo de luz era un pedazo de ellas que se agotaba.
«No es tiempo de dar, sino de darse». Resonaba en mi mente
la sentencia de Andrés, y su voz me sacó de mis reflexiones:

—Dios espera que su Iglesia sea mucho más que un conjunto de cadáveres emocionados que vibran y saltan durante
un par de horas los domingos, bajo el desfibrilador de música, luces, humo y sonido. Pero apagada la música, desconectado el desfibrilador, siguen tan muertos como antes —había
dolor en su voz y con inusitada determinación afirmó—:
no quiero que mi iglesia sea un lugar de entretenimiento,
sino un campo de entrenamiento. No quiero que sea un monumental cementerio, sino una sala de maternidad que alum-
bre vidas sanas y siervos empeñados en contagiar esa vida al
mundo. Hace mucho tiempo comprendí que solo tengo una
vida —me miró con tanta intensidad que casi me atemo-
rizó. Puso hacia arriba las palmas de su mano al repetir—:
¿comprendes? Solo una vida... ¡Solo una! Y por eso decidí
invertirla en lo más importante. ¿Será lo importante llenar
un templo? ¡No seamos ridículos! Llenar un espacio es relati-
vamente fácil. Creemos un espectáculo con luces y sorpresas
y conseguiremos asistentes, pero no discípulos; ejerzamos un
liderazgo carismático y lograremos seguidores, pero no discípulos; renovemos los programas e incrementemos el espectáculo y sumaremos adeptos, pero no discípulos. No hemos

sido llamados a llenar un espacio, sino a vaciar el infierno y conducir a las personas al cielo, y para eso se precisa algo más que el elemento humano; necesitamos el factor cielo, el ingrediente sobrenatural. Nosotros lograremos asombrar —eso como mucho—, solo la intervención del Espíritu Santo logrará transformar. Tu oratoria podrá emocionar, pero la Palabra de Dios es lo que conseguirá traspasar la frontera del alma y llegar al espíritu: ese lugar donde se producen las transformaciones. Hablar bien es un talento, pero ser emisario del cielo es un don altísimo que solo se logra con la divisa de la comunión con Dios. No te pares ante ellos sin haberte postrado ante Él —se mesó la barbilla con gesto reflexivo—. Estoy recordando —dijo— una bonita enseñanza que me compartió un amigo. ¿Conoces la relación que existe entre el cayado que usan los pastores y la Estrella de la Mañana?

Simplemente negué con la cabeza. Sus palabras me tenían tan abstraído que no quise que las mías interfirieran en su discurso.

—Déjame que te cuente. Roberto, así se llama mi amigo, me relató lo siguiente: «Mantuve una conversación con un próspero ganadero que durante años había pastoreado un nutrido rebaño de ovejas: "¿Cuándo es el mejor momento para apacentar el rebaño?", le pregunté. "Temprano —me respondió sin dudarlo—. Hay que sacar a las ovejas muy temprano para que la hierba conserve aún el rocío de la noche. De ese modo es mucho más jugosa y digestiva". "¿Temprano? —no me conformé con una respuesta tan ambigua—. ¿Cómo que temprano? ¿A qué hora conviene sacar las ovejas a pastar?"

»El ganadero conservaba en su oficina el viejo cayado que utilizó cuando pastoreaba; lo agarró y poniéndose en pie lo sostuvo apoyándolo en el suelo y entonces me explicó: "Ignoro si todavía se mantiene lo que en mis tiempos era una práctica común de los pastores: cada día salíamos al exterior poco antes de que amaneciera y colocábamos así el cayado. Luego buscábamos en el cielo la Estrella de la Mañana...". "¿La Estrella de la Mañana?", interrogué. "Sí —me dijo—. También lo llaman el Lucero del Alba. En realidad, no es otra cosa que el planeta Venus, pero semeja una gran estrella, la que más brilla en la noche y la última en desaparecer cuando amanece". "Entiendo —comenté—, pero ¿qué relación tiene el planeta Venus con el pastoreo de ovejas?". "Cuando por el movimiento de la tierra esa estrella parecía posarse sobre el cayado —mientras lo sostenía con su mano izquierda, dio varios toques con la derecha en la parte superior y curva de su bastón de pastor, y continuaba—, cuando la Estrella de la Mañana tocaba mi cayado, ese era el momento de acudir al rebaño y sacarlo para ser apacentado"».

En este punto Andrés hizo un prolongado silencio, totalmente intencionado. Luego asintió varias veces con la cabeza y concluyó el relato de aquella maravillosa memoria:

—Mi amigo, conociendo que yo me ocupaba de enseñar Biblia y también del pastoreo de almas, me miró con intensidad para decirme: «Mientras fui pastor nunca busqué al rebaño hasta que la Estrella de la Mañana tocase mi cayado pastoral. Creo que tú deberías hacer lo mismo. Que esa Estrella toque tu vida antes de que tú toques la vida de las ovejas». Hijo —Andrés me enfocó con fijeza para preguntarme—, ¿entiendes el principio que yace en esta historia? ¿Recuerdas quién es La Estrella de la Mañana en la Biblia?

—*Yo soy la raíz y el linaje de David, la estrella resplandeciente de la mañana* —recité las palabras de Jesús en Apocalipsis 22:16, según la edición Reina Valera de 1960—. Él es La Estrella de la Mañana.

—«Siendo pastor nunca busqué al rebaño mientras la Estrella de la Mañana no hubiese tocado mi cayado pastoral.

Creo que tú deberías hacer lo mismo» —casi lo susurraba Andrés—. Así me dijo mi amigo… Así te sugiero hoy yo a ti.

Mudo... Aquel relato me dejó mudo de asombro y emoción. Consideré que, con demasiada frecuencia y especialmente en el último tiempo, estaba acudiendo a los hombres sin haber acudido antes a Dios. Estaba saturado de actividad, pero seco de intimidad y ese desequilibrio había provocado estragos en mi vida, en mi familia y también en el ministerio.

—Grabemos esto en nuestra mente y corazón —casi lo susurraba—. Mientras Él no toque mi vida, no me acercaré a ellos; mientras Él no selle mis labios, no les hablaré; mientras Él no venga conmigo, yo no iré... Todo lo demás es preferible, pero Él es esencial. Lo demás puede ser importante, pero Él es lo que de verdad importa.

¿MAESTRO O MINISTRO?

—Son verdades tan grandes las que me está diciendo —Andrés no me hablaba de métodos o de modas, sino que me estaba transmitiendo principios perennes, no acomodables a los tiempos y a las modas; absolutamente esenciales—. Cómo quisiera haber escuchado todo esto un año atrás.

—¿Y para qué piensas que te llamaba y te urgía a vernos? —me sonrió dando una palmada en mi hombro—, ¡pero siempre me esquivaste!

—Créame que lo lamento... ¡Estaba tan ocupado!

—¡Estamos tan ocupados en hacer crecer un ministerio! —dijo—, cuando Dios en realidad está tratando de hacer crecer un ministro. Y la cosa se agrava debido a que los términos «ministro» y «ministerio» se han desvirtuado; incluso se han distorsionado hasta torcer terriblemente su sentido y significado.

—Usted es un extraordinario maestro —y con genuino arrepentimiento añadí—: nunca debí dejar de beber de esa fuente.

—No digas eso —me interrumpió con una radiante sonrisa—. No me llames maestro.

—¿Por qué no? —inquirí—. Es la pura verdad...

—Si supieras lo que acabas de decir, te lo pensarías dos veces antes de repetirlo —rio con ganas para atenuar la solemnidad de sus palabras.

—No le entiendo.

—El término «maestro» viene del latín *magister*, que a su vez se deriva de *magis* y significa: «el que es más que». De ahí extraemos la altisonante expresión: ¡Magistral!

—¡Nunca lo había escuchado! —exclamé—. Entonces el título «maestro» significa literalmente: «el que es más que otro».

—Así es —afirmó—. En la cultura judía muy pocos alcanzaban esa credencial. De hecho, la palabra «maestro» podía traducirse como «su excelencia». Cuando Nicodemo fue a visitar a Jesús de noche y mantuvo aquella conversación tan trascendental, ¿recuerdas?: *De cierto, de cierto te digo, que el que no naciere de nuevo, no puede ver el reino de Dios... Nicodemo le dijo: ¿Cómo puede un hombre nacer siendo viejo?... ¿Puede acaso entrar por segunda vez en el vientre de su madre, y nacer?*[19] —enseguida me explicó—: es de destacar que la primera palabra que Nicodemo le dirige a Jesús es «Maestro». Pocos elogios alcanzan tan alto nivel. No deja de ser sorprendente que un destacado miembro del Sanedrín judío llamase «su excelencia» a Jesús. Luego lo vemos embalsamando el cuerpo de Cristo cuando este murió. ¿Un fariseo rindiendo honor a alguien cuyo asesinato alentaron los fariseoss? —tendió ambas manos con las palmas hacia arriba—. Chocante, pero eso demuestra

---

[19] Ver Juan 3

lo que la enseñanza del legítimo Rabí había obrado en la vida de Nicodemo. ¿Te das cuenta de la razón por la que te dije que no me llames maestro? ¿Maestro, yo? —rio—. ¡No quiero responsabilidades tan altas! Por ahora intento, y bastante me cuesta, merecer el título de ministro. Esa credencial sí me gusta. ¿Sabes lo que «ministro» significa?

—Tengo tan solo una vaga idea —le dije con toda sinceridad—, pero sospecho que usted me la va a aclarar.

—«Ministro» viene del latín *minister*, y se deriva de *minus*, que significa: «el que es menos que...». En la antigua Roma, el ministro era el subordinado, el que estaba para atender a los demás.

Como buen profesor de seminario, le gustaba transmitir la enseñanza lo más visualmente posible, por eso tomó un papel y, con su bolígrafo, presentó de forma gráfica las dos posiciones:

★ Maestro: *Magister.* —El que es más que otro.

★ Ministro: *Minister.* —El que es menos que...

—¿Te das cuenta de la enorme diferencia entre ambos títulos?

—Me doy cuenta y me sorprendo.

—En nuestros días se ha alterado el sentido original de esa bellísima palabra —su dedo se posó sobre el segundo de los enunciados, mientras en la boca se le remansaba una sonrisa de confabulación—. El ministro ha ocupado hoy un lugar de preponderancia, muy lejos del espacio que en realidad le corresponde, pero eso no es correcto, ni tampoco es saludable. Muchos que se llaman ministros se rodean de sirvientes y escuderos, cuando nuestra función es servir —su voz aplicó un énfasis mayor en la continuación de su discurso—. Al revestirnos de poder perdemos la autoridad. Quien constantemente tiene que aludir al poder es porque ha perdido la autoridad. ¡El Evangelio es poder de Dios, pero nosotros somos siervos de Dios! ¡Quitémonos la corona! ¡No nos corresponde! Nuestro llamado no es a tomar un cetro, sino un azadón. No nos entronicemos, postrémonos ante el trono. No nos encumbremos a podios; seamos pedestales que alcen al único monumento. Yo sigo prefiriendo que me hablen desde la trinchera a que me griten desde la cumbre.

Echó mano de la Biblia que había depositado sobre su escritorio y rápidamente localizó una cita a la que dio lectura:

—*Del cual* —y aclaró: del Evangelio—, *yo fui hecho ministro* —repitió la palabra marcando cada sílaba—, Mi-nis-tro *por el don de la gracia de Dios que me ha sido dado según la operación de su poder*[20]. Pablo sabía esa verdad cuando declaró: *soy ministro del evangelio.* ¿Lo sabemos nosotros también? Del mismo modo que la cruz se erigió en puente que uniera cielo y tierra. Así como Él cruzó ese puente en sentido descendente, para que nosotros pudiéramos cruzarlo en camino ascendente. Asimismo, cada hombre o mujer que quiera erigirse en puente debe recordar que el puente será alfombra sobre el que otros pisarán. Que el camino que conduce a la grandeza debe ser labrado de arriba abajo, para que pueda ser surcado de abajo arriba. Mira la cruz, ella es el manual de instrucciones y el código perfecto en el arte de la salvación.

—Andrés, no puedo estar más de acuerdo con usted, pero dígame: ¿me cuenta todo esto porque percibe en mí soberbia o prepotencia?

—Te comento esto porque el sentimiento de suficiencia nos conduce a una nociva independencia —percibí contundencia y firmeza en su mensaje—. Que un pastor de iglesia numerosa (me niego a utilizar los títulos «grande» o «pequeña» cuando hablo de la iglesia, pues no existe iglesia pequeña; una comunidad sellada por Dios, tocada por su gracia y visitada por su Espíritu, jamás puede ser algo pequeño)…

---

20 Efesios 3:7 (RVR 1960)

Pues bien, que alguien que, como tú, pastorea a un grupo numeroso de creyentes y se rodee de otros compañeros de ministerio, cuyas iglesias no sean tan crecidas, no es un honor o privilegio para esos otros pastores. No —negó con firmeza, llevando la barbilla de hombro a hombro—, no es un honor para ellos, es una completa necesidad para ti. Aislarte no solo te empobrece, sino que te deja en una posición de peligro inminente. Cuando tu ministerio se expandió y la iglesia creció, comenzó tu proceso de distanciamiento social.

Miró su reloj y viendo que eran las tres y quince minutos de la tarde, abrió los ojos con asombro.

—¡Dime que no llevo todo este tiempo hablando! —exclamó con tono de súplica—. ¡Querit tiene razón cuando me dice que sufro de verborragia; lo lamento y te pido perdón!

—Por favor, no tiene que pedir perdón. Soy yo quien le da las gracias, no solo me dice cosas importantes, sino que me las dice con meridiana claridad, y eso es lo que necesito.

—¿Comerás algo conmigo?

Negué con la cabeza, con la misma cabeza que me recordaba que, desde la jornada anterior, cuando al mediodía él guisó algo en mi casa, no había ingerido nada sólido, excepto dos de las galletas de Querit. Me sentía débil, eso sí, pero hambre no tenía.

—Se lo agradezco —le dije con sinceridad—, pero prefiero regresar a casa. Es mucho lo que llevo en la mente para reflexionar, y eso solo me sale cuando estoy a solas.

FRACTURA

El sol, suave como un terciopelo dorado, entraba por la ventana y alegraba la habitación. Al abrir los ojos bajo aquella inundación de luz, me senté en la cama sobresaltado.

¿Hasta qué hora había dormido?

La respuesta me llegó desde los dígitos rojos del reloj que había sobre mi mesita de noche: ¡eran las diez y quince minutos de la mañana! No recordaba haberme despertado nunca tan tarde, aunque era bien cierto que también hacía mucho tiempo que no encadenaba tres noches sin apenas dormir después de un largo y agotador viaje en avión.

Me dejé caer de nuevo sobre el colchón y recordé la espantosa soledad que me sobrecogió la noche anterior: mientras intentaba dormir solo en aquella cama en la que nos amamos, sentía a mi lado el ritmo de su respiración y su calor tibio. Y tendía la mano, recorriendo con ella la otra mitad de la cama, apretándola algunas veces.

Puse mis brazos detrás de mi cabeza, cerré mis ojos y reflexioné: Rebeca seguía fuera de casa. El día anterior no tuve la más mínima noticia de ella, ni tampoco intenté localizarla; era evidente que quería su espacio y era su derecho tenerlo, pero la extrañaba demasiado. Así nos pasa de continuo, hasta que no perdemos la joya, no descubrimos el tesoro que teníamos.

Andrés, decidido a recuperar el tiempo perdido en los últimos años, y resuelto también a no dejarme solo en el trance que vivía, quedó en venir a la hora del almuerzo y pasar luego conmigo la tarde.

—Yo me ocupo de la comida —me dijo. A continuación presumió—: creo que voy a sorprenderte.

Recordando que Andrés acostumbraba a almorzar temprano y suponiendo que no vendría más tarde de las doce, salté de la cama y corrí a la ducha. No tenía nada de apetito, por lo que solo me preparé un café y salí a compartirlo con la mañana radiante. Sentado en el banco de madera, buscando la sombra que proporcionaba el abeto, reflexionaba en que el mes de abril es un mes loco: hacía solo dos días que me acercaba a la lumbre en el cuarto de lectura de Andrés y ahora me cobijaba bajo la sombra del viejo árbol.

Tenía la taza de café entre mis labios, cuando el sonido del teléfono anunciando la entrada de un WhatsApp me sobresaltó.

Sentí mi estómago saltar cuando la pantalla del móvil me anunció que el mensaje lo remitía Rebeca. Tuve que dejar la taza sobre el asiento porque a punto estuve de derramar el café por el ostensible temblor de mi mano.

El mensaje era escueto: «Tengo que pasar por casa a lo largo del día». Un mensaje frío, sin duda, pero también abierto. No daba razones, motivos ni objetivos, pero anunciaba su visita. Podía ser que hubiera olvidado algo y tuviese que recogerlo, pero no tenía ninguna obligación de avisarme y sin embargo lo hizo, tal vez con la intención de que estuviese presente cuando ella llegara, pero en ese caso habría anunciado la hora aproximada de su visita… Mi corazón se desbocó, al punto de hacerme difícil respirar.

Opté por tumbarme sobre la hierba e intentar relajarme mientras miraba al cielo. El día se me haría larguísimo esperando a que ella llegase.

Caí entonces en la cuenta de que no había respondido a su mensaje, pero ¿qué podía responderle? Lo primero que vino a mi mente fueron varias nuevas formas de pedirle perdón, ¡pero se lo había dicho ya tantas veces! Cien frases de amor se me agolparon en la conciencia, pero todas se me antojaban cursis y ñoñas.

¿Qué responderle entonces?

Un mensaje que en solo tres días ya se había convertido en parte de mi esencia se desplazó hasta mis dedos y estos lo volcaron sobre la pantalla táctil del teléfono: «Soy un hombre con defectos, pero hasta ahora no había reparado en el peor de ellos: despertar lejos de ti. Si me lo permites, buscaré la forma de hacerte feliz. Trabajaré en ello como si todo dependiera de mí y oraré por ello como si todo dependiese de Dios».

Cuando envié el mensaje, volví a dejarme caer de espaldas sobre el césped del jardín. Casi me faltaba el aire.

¡Cuánto la amaba y qué necio había sido!

Mi previsión horaria respecto a la llegada de Andrés fue acertada: a las doce menos quince minutos entraba en casa trayendo varias bolsas en las que llevaba la comida.

—Vamos a la cocina —me dijo—, hoy vas a saborear la mejor paella de tu vida.

—¡Paella! ¿Cómo sabe que es mi plato preferido?

—Solo es necesario un poco de memoria —sonrió—. Eras el único alumno capaz de comerte tres platos cuando celebrábamos el día de la paella en el seminario.

Reí al recordar ese momento, era una jornada memorable para todos los alumnos, pues con esa paella se ponía fin al curso.

—Rebeca me mandó un mensaje —le dije mientras acomodaba la comida sobre la encimera de la cocina.

—¿De verdad? —me miró con sorpresa—. ¿Qué te dijo?

—Que hoy pasará por aquí.

Se detuvo como una estatua, con el envase en el que llevaba el pollo troceado a medio camino entre la bolsa y la encimera.

—¿No te dijo el motivo de su visita? —inquirió.

—No. Solo me dijo que vendría a lo largo del día.

—¿Quieres que me vaya? Entenderé que quieras verte a solas con ella.

—Al contrario —le dije—. Creo que es bueno que usted esté cuando ella venga. Necesitamos ayuda y no se me ocurre nadie más indicado.

Notando el radiante sol que calentaba, decidimos cocinar al aire libre utilizando la barbacoa. El simple hecho de preparar la comida en el exterior daba un tinte medio festivo a la jornada y resultaba idóneo para despejar la cabeza.

Pronto el olor de la paella se convirtió en un influjo terapéutico. Mientras el agua del arroz se consumía sobre el fuego, nos sentamos en el banco de madera, bajo la sombra del gran abeto y así nos mantuvimos durante un rato en silencio. Las ramas del árbol daban cobijo a decenas de pajarillos que celebraban con regocijo el día que se sentía casi veraniego. Andrés paseó la vista por el jardín e inspiró profundamente:

—¡Qué belleza de lugar! —dijo—. Habéis sido bendecidos con una hermosa casa y este jardín es un pedazo de paraíso. Cada día estoy más seguro de que Dios no ha creado el mundo de una vez por todas: no cesa de recrearlo, ideando formas nuevas, nuevas maravillas con las que sorprendernos. El amor que nos profesa lo ilusiona a cada instante para ofrecernos una nueva muestra de él.

Iba a responderle cuando escuché que se acercaba un automóvil. El sonido del motor de nuestro RAV4 fue inconfundible.

—Es nuestro coche —le dije a Andrés—. ¡Rebeca está llegando!

—Creo que deberías salir a recibirla —me sugirió—. Yo os espero aquí.

Aguardé en la puerta de acceso al jardín con mi mejor sonrisa; ella se aproximó con gesto adusto y, al ver que la miraba, apartó la vista sin dejar de aproximarse con paso firme. En ese momento supe que no venía con el propósito de recomenzar nuestra convivencia.

—¿Me permites pasar? —me preguntó señalando con su mano derecha a la puerta que yo ocupaba.

—Me alegra mucho verte —dije haciéndome a un lado y sin atreverme a intentar un beso de bienvenida.

—Solo vine a por ropa más fresca —dijo secamente—. No calculé que fuera a hacer tanto calor.

Apenas hubo accedido al jardín, vio a Andrés. No pudo disimular su sorpresa y se quedó paralizada.

—¡Mi querida Rebeca! —Andrés aproximó su silla y la tendió los brazos. Ella dudó solo un instante, se inclinó y él la abrazó con tanto cariño como un padre abrazaría a su hija atribulada. Entonces sí, Rebeca rompió a llorar.

Me mantuve a la distancia sin saber qué hacer, simplemente observando.

—Querida Rebeca, querida hija —repetía Andrés sin deshacer el abrazo—, lamento tanto lo que estáis pasando, pero te aseguro que Dios os devolverá multiplicado todo lo que el diablo os ha robado.

Observé la escena sin poder reprimir las lágrimas; en realidad, los tres llorábamos.

Unos minutos más tarde Rebeca estaba sentada en el banco de madera; junto a ella, Andrés. Yo retiré el arroz del fuego y aproximé una silla para sentarme frente a ambos. Durante algunos minutos Rebeca mantuvo la mirada gacha y sollozaba. Andrés la dejó desahogarse sin precipitar la conversación. Tras un lapso razonable y notando que ella estaba más tranquila, preguntó:

—¿Has comido, Rebeca?

Ella negó con la cabeza.

—¿Me harás el honor de probar esta paella que he preparado? Por favor, no digas que no…

—No tengo apetito —susurró sin levantar la mirada.

—Aunque no lo tengas, en cuanto te arrimes a ese arroz y lo huelas, no podrás evitar hincarle el diente —rio al decirlo y logró que Rebeca también liberase una tímida risa.

Para mi inmensa alegría y contra todo pronóstico, me vi saboreando un delicioso plato de paella junto a Rebeca y

Andrés. Durante toda la comida, apenas pronuncié tres palabras y a punto estuve de morir ahogado a causa del nerviosismo que me embargaba mientras comía. Ella tampoco habló casi nada y Andrés demostró ser un maravilloso gestor de crisis interpersonales. Supo distender el ambiente de modo que, cuando sacamos el bizcocho que él mismo había traído para los postres, ya casi habíamos pactado otro encuentro en el que Querit estaría presente.

Fue tras el postre que mi amigo adoptó una postura más seria para abordar el inevitable tema que nos llevó a la severa crisis.

—Rebeca —le dijo con inmensa empatía—. Tienes todo el derecho a estar enfadada hasta el límite…

—No es enfado la principal sensación que tengo —replicó enseguida—. Lo que me quema es la decepción, la frustración y una pena que me mata… Me muero de tristeza…

—Lo comprendo —me atreví a replicar con toda sinceridad—. Lo comprendo perfectamente, y te aseguro que yo también me muero de tristeza…

—¿Sentías también tristeza cuando estabas con aquella mujer? —sus palabras chorreaban indignación. Miró entonces a Andrés y agachó la cabeza—. Perdóneme, no tiene por qué aguantar un espectáculo tan desagradable…

—Tranquila, hija, tu enfado es comprensible, pero intenta creerme, por favor: David está completamente arrepentido de lo que ocurrió. No estoy quitando importancia a lo que hizo, solo estoy poniendo de relieve su arrepentimiento. Si tuviese la más mínima duda, jamás me ofrecería para mediar en vuestra restauración —miró fijamente a los ojos de Rebeca para añadir—: porque me gustaría mucho que podamos hablar de eso: de vuestra restauración.

—Andrés —ahora sí alzó la vista para enfocarle—, si lo que quiere es que hablemos de la restauración de mi fe, o de mi autoestima, o de mi esperanza... Le estaré muy agradecida, pero si lo que me está proponiendo tiene que ver con nuestro matrimonio —me señaló con su mano, pero sin mirarme—, no estoy segura de querer hablar de eso... Al menos no por ahora.

Asintió Andrés con la cabeza y guardó silencio. Un mutismo que ella rompió con sus preguntas:

—¿Cómo se llama ella, David? ¿Dónde vive? ¿Qué edad tiene? ¿Conservas alguna fotografía? —ahora sí me miraba y vi el incendio que inflamaba sus pupilas.

—No me preguntes más, te lo suplico —me veía totalmente incapaz de responderle—. No quiero recordar. No es que me niegue a contar mi vida, es que no soy capaz; es que no puedo volver a revivir lo sucedido.

—Tengo derecho a saber con quién me engañaste, ¿no te parece? —el tono de su voz subió tanto que temí que los vecinos fueran a escucharlo. Rebeca estaba fuera de sí—. ¡Tengo derecho a verla! Escúchame, escúchame bien —colocó su mano afilada y brillante sobre mi brazo—. Sentir dolor es terrible, pero el sufrimiento es mucho más grave. Si me hubieses cortado esta mano —tocó con su derecha la izquierda que tenía sobre mi brazo—, sentiría dolor, pero lo que me has cortado es la ilusión y la esperanza. ¡Me has cortado la vida! —gritó—, y eso no provoca dolor, sino sufrimiento; estoy sufriendo como no puedes ni siquiera imaginar. Me has robado la ilusión y la alegría. Me has robado casi todo lo que tengo y lo que soy... ¡Al menos, tengo derecho a saber a cambio de qué y de quién lo has tirado todo por la borda!

—Rebeca —Andrés puso las manos sobre los hombros de ella, que, de nuevo, rompió a llorar con unos gemidos que me estremecieron—. Tienes derecho a saberlo todo —le concedió—, por supuesto que sí, y lo sabrás. Solamente dale un poco de tiempo y, por lo que más quieras, dale la oportunidad de demostrarte que fue un error... Un error muy grave, muy doloroso y muy vergonzoso... Pero un error que no va a repetirse más.

Con el rostro enterrado en ambas manos, Rebeca lloró desconsoladamente. Tres minutos después saltó del asiento, tomó sus bolsas de ropa y corrió hacia el automóvil.

—¡Rebeca, por favor, déjame llevarte! —le pedí—. ¡Estás muy nerviosa, no debes conducir así, puede ocurrir un desastre!

—¿Un desastre? —se detuvo con su mano en el picaporte de la puerta del vehículo. Sus ojos enrojecidos e hinchados por el llanto; su voz quebrada pero fuerte—. ¡Ya ocurrió el desastre! Cualquier otro que ocurra no será peor...

Cerró con un portazo, arrancó el motor y el coche desapareció pronto de mi vista.

Entré cabizbajo y también con su cabeza gacha encontré a Andrés, sus manos estaban unidas y sus dedos entrelazados.

Con sus ojos cerrados oraba.

El gorjeo de un ave nos sorprendió por su intensidad; ambos alzamos los ojos y encontramos a una paloma posada sobre una de las ramas del abeto. El sol arrancó destellos de su plumaje blanco. Pareció mirarnos el ave antes de liberar un nuevo arrullo, sacudir sus alas y perderse en el cielo de azul inmaculado.

—Trabajaré como si todo dependiese de mí —pensé en voz alta—, y oraré como si todo dependiera de Dios.

ARRAIGANDO Y ABONANDO

A la mañana siguiente, el calor era insoportable. Ni la más leve brisa despeinaba los árboles y mantenerse al sol se hacía imposible.

Andrés se había ofrecido a pasar por casa en la mañana, pero le disuadí de ello, preferí dedicarla a la reflexión y a la oración. Necesitaba ordenar mis ideas y pensar detenidamente en aquellas áreas de mi vida que era esencial rehacer. Pasé casi toda la mañana en mi cuarto de estudio, centrado en la oración y la reflexión.

«El silencio es la sala de audiencias de Dios —me había dicho mi mentor—. Pasa tiempo en quietud y oración. En ocasiones te parece que no ocurre nada, pero bajo la superficie están sucediendo cosas grandiosas e imprescindibles».

Opté por no comer, consagrando un tiempo de ayuno al Señor, y dedicando ese espacio a la oración.

—Vuelve a lo sencillo, hijo —me recomendó Andrés cuando fui a verle por la tarde y le hice saber a lo que había dedicado el día—. Regresa a esos tiempos en los que nada se interponía entre tú y la cita divina. Revive esa etapa en la que nada era tan importante como ponerte ante Dios y zambullirte en Su Palabra. Aquieta tu alma ante Él, lee la Biblia y deja que Dios te hable.

Andrés era un apasionado de las Sagradas Escrituras. Desde el primer día, me impresionó la intensidad de su amor por ellas; las describía como quien ha sido seducido y ahora está felizmente cautivo. No parecía su propósito enseñarnos Biblia, sino enamorarnos de ella. Con frecuencia, cuando comenzaba a hablar de las Escrituras, uno sentía la necesidad imperiosa de sumergirse en sus páginas, pues las presentaba como quien describe el más paradisiaco de los escenarios.

—¡Cuánto he aprendido de este libro —dijo ahora, palmeando su vieja Biblia que tenía sobre las piernas—, y qué imperturbable compañía encuentro siempre en ella! Este libro ha sido a la vez mi mar, mi barco y mi travesía. Siento que la magia de este libro carece de principio y fin, es como un río, el cauce empieza y termina, pero el agua no; nadie se baña en la misma dos veces. Algo así, muy parecido a eso, ocurre con este libro sagrado: tiene un cauce, unas divisiones y un número determinado de letras, pero el agua, que como sangre purificadora discurre por sus arterias, es siempre nueva.

—¿Cuánto tiempo dedica a la lectura? —quise saber mientras recorría con la mirada las estanterías rebosantes de libros.

—Siempre leí temprano —repuso—. Lo más normal era que la primera luz del día me encontrase sumergido en una historia, en invierno junto al fuego y en verano en el jardín. Ahora, sin embargo, aprovecho el insomnio para leer. Irás viendo que la edad te roba el sueño —rio—. Con muy poquitas horas de dormir tengo bastante, así que comparto las vigilias con los libros. ¿Que cuántas horas leo? —meditó un instante—. Probablemente, ocho de cada día.

—¡Ocho horas diarias dedica a la lectura!

—Si leer demasiado es un problema, pues estoy en uno muy severo —me miró con ojos de resignación y encogiendo sus hombros—. A veces miro el aparato de la televisión y pienso que solo es preciso pulsar un botón, incluso a la distancia para que brote un chorro invasor de ruidos y de imágenes, y me digo: «El fin de la escritura ha llegado; los hombres aprenden escuchando y mirando; la imagen tomó posesión de la cultura». Entonces acaricio los libros y recuerdo que, al abrirlos, ellos tienden sus puentes levadizos entre una y otra época, entre un país y otro, entre una y otra alma, entre la desilusión y la paz y vuelvo a hundirme en ellos, a colaborar con ellos. Pero la Biblia, sobre todo ella… —la abrazó como un enamorado—. A veces abrí la boca para gritar. La cerré luego. Me dirigí a la vieja estantería. Tomé la Biblia y me arrodillé a leer como quien, tras naufragar, se agarra al más sublime salvavidas.

Querit llegó en ese momento, cuando tras los cristales del cuarto de lectura se veía la roja esfera posándose en las ramas de los árboles.

—Hay un atardecer hermoso, cariño —se puso tras él y, apoyándose en sus hombros, casi le susurró—. ¿Te parece que mostremos a David el increíble crepúsculo que se ve desde nuestra casa?

—Magnífica idea —casi aplaudió y con su deliciosa e infantil ilusión exclamó—. ¡David, vayamos afuera y verás el mejor anochecer de tu vida!

El horizonte adquiría un tono anaranjado intenso a medida que el sol se aproximaba, convirtiéndose en círculo perfectamente admirable, casi rojo. Una levísima brisa mecía las ramas de los árboles y un trino, mezcla de muchos, se convertía en fondo sonoro terapéutico. No pude evitar recordar el primer beso que Rebeca me regaló: fue bajo un atardecer similar a ese.

¡Cuánto habría dado por compartir ese anochecer con ella!

—Extraño tanto a Rebeca… —no fue intencionado, la frase surgió sin premeditarlo.

Andrés presionó mi brazo derecho con cariño, mientras Querit se ponía al otro lado y posaba su mano en mi hombro.

—Paciencia —me dijo—, verás que pronto disfrutarás momentos similares con ella.

—La soledad en los constantes viajes es tan difícil de sobrellevar —comencé mi discurso sin previo aviso—. Los que observan desde afuera solo ven la emoción del viaje, conocer países y culturas diferentes, el reconocimiento y respeto que nos prodigan…

—¡David, por Dios, por Dios! —de momento me pareció que iba a incorporarse de su silla de ruedas—. ¿Estás queriendo justificarte otra vez?

—¡Andrés, por favor, déjeme hablar! —mi voz sonó más alta de lo que hubiera deseado—. Acabo de ver cómo mi vida se hace trizas; los pedazos están aún delante de mí. ¡Necesito un anestésico del alma, necesito entender por qué fui tan necio! Déjeme que al menos reflexione en voz alta —guardé silencio al darme cuenta de que hablaba casi airado y estaba siendo descortés con mis anfitriones—. Discúlpenme —pedí—, pero es que nadie ve al ministro llegando cansado a la soledad de su habitación, a veces defraudado consigo mismo, agotado emocionalmente. Extrañando a la familia... ¡Soy débil! —casi lo grité—. Demasiado débil como para resistir un constante acoso y derribo.

—Las personas más fuertes que conozco no tienen músculos —giré mi rostro para ver a Querit que hablaba—; las más inteligentes no sacaban buenas notas en la escuela; las más lindas no ganarían concursos de belleza; y a las más ricas no les sobra el dinero. Nos enseñan a medir con los parámetros equivocados. Tal vez te sientes ahora débil, inepto y hundido, pero verás cómo esta situación te hará fuerte, sabio y ágil, porque ya jamás olvidarás que debes refugiarte en los brazos de Dios. No podemos enmendar los errores que el pasado ha convertido en piedra, pero sí podemos convertirlos en maestros. Tal vez tú no puedas resistir el acoso, pero Él es omnipotente y ya siempre le entregarás tus batallas.

Pocas veces había oído tanta sabiduría concentrada en tan pocas palabras. El discurso de Querit había sido un disparo al corazón que dio en el centro de la diana.

—Gracias, Querit —le dije—. Nada me gustaría más que poder matricularme en esa universidad que acaba de describir...

—Ya lo hiciste —repuso—. Algunos la llaman la universidad del dolor. Otros el seminario del desierto y también hay quien se refiere a ella como la escuela de la noche. En todo caso, creo que las lágrimas que en estos días has vertido alcanzan para la matrícula de tan alta institución. Sé de lo que te hablo, hijo, pues nosotros hemos pasado por esa universidad...

—¿La universidad del dolor? —inquirí.

—La misma —respondió Andrés—. Era una tarde de domingo y no había ni una sola nube en el cielo. La mañana fue hermosa, disfrutamos de un culto bendecido seguido de un almuerzo en familia —había iniciado un relato—. Lo único que le faltaba a ese día para ser perfecto era un paseo en mi moto, así que me decidí a hacerlo. Aquella máquina me fascinaba; la Honda CB750 fue mi sueño de adolescencia y salté de alegría cuando, teniendo treinta y tres años, pude por fin comprarla.

»Esa tarde, mientras en casa descansaban tras el almuerzo, yo subí a lomos de mi Honda. Al ponerla en marcha sentí vibrar sus 750 centímetros cúbicos y, en el primer acelerón, brincaron los 70 caballos de potencia. Percibir el viento en mi rostro e hinchando mi chaqueta, me daba una sensación de libertad absoluta. Recorrí mis lugares predilectos: las carreteras de las montañas, sinuosas y curvas pero muy poco transitadas, lo que me permitía circular a gran velocidad e inclinarme en las curvas hasta que mi rodilla casi rozaba el asfalto.

»No sé qué pudo ocurrir; miles de veces he revivido el momento intentando localizar la razón de mi descuido, pero no encuentro ninguno. No hallo el motivo que me llevó a ocupar el carril contrario y circular por él durante demasiado tiempo. La carretera era una sucesión de curvas y en una de ellas encontré un vehículo de frente. El giro brusco me hizo salir despedido; el que dio el vehículo contrario lo lanzó contra un árbol.

Calló un instante y se llevó la mano al bolsillo de donde extrajo un pañuelo blanco, cuidadosamente doblado. Sin embargo, no lo utilizó todavía. Lo sujetó con la punta de los dedos y clavó la vista en el horizonte.

—Volé varios metros hasta estrellarme de espaldas contra la barrera de hormigón que impidió que me despeñase por el barranco —dijo sin apartar un instante la mirada—. El casco preservó mi cráneo, pero el impacto que sufrió mi espalda fracturó mi columna a la altura de las vértebras lumbares. No perdí el conocimiento y, tras el aturdimiento inicial, intenté incorporarme para ir en ayuda de los ocupantes del otro vehículo. El dolor me partía, pero era más acuciante el empeño en ir a auxiliar a los otros que se veían así por mi culpa.

—¿Logró acercarse? —pregunté más por aliviar la amargura que se había dibujado, dolorosa y profunda, en su frente que porque realmente tuviese importancia su respuesta.

—Fue tras muchos intentos por levantarme cuando tuve que admitir que mis piernas no respondían. No me dolían en absoluto y eso me aterrorizó. Primero las palpé, luego las pellizqué y finalmente, fuera de mí, las golpeé con los puños… No tenía la más mínima sensación. Fueron minutos de negación: apoyándome en ambas manos intentaba levantarme, pero solo podía arrastrarme. Desistí; mi cerebro enviaba órdenes pero estas no llegaban a mis piernas. El flujo de información estaba interrumpido porque mi columna vertebral estaba rota. Cuando asumí esa espantosa realidad, me dejé caer de espaldas sobre el asfalto y comencé a gritar.

Desplegó el pañuelo y comenzó a enjugarse los ojos sosegadamente. Luego lo plegó una vez y secó su frente. No hacía calor, pero el esfuerzo que suponía revivir aquel momento lo hizo sudar. Parecía tan absorto y ensimismado que por respeto no quise distraerlo.

—Diez, tal vez quince minutos después —prosiguió—, otro coche paró junto a nosotros y alguien corrió en mi auxilio, yo solo acerté a gritar: «¡Ayúdenles a ellos! —señalé hacia el montón de chatarra humeante del que no surgía ninguna señal de vida—. ¡Por favor, ayúdenles, ha sido mi culpa!»

—Terrible —yo estaba impresionado y sentía erizados los vellos de mis brazos.

—No —aseguró con un gesto de negación—. No fue eso lo terrible —inspiró profundamente antes de seguir—. Más tarde, mientras los servicios de emergencia me trasladaban a la ambulancia, pude ver cómo cubrían completamente el cuerpo de una mujer, tras extraerlo del amasijo de hierros en que quedó el coche contrario…

—¡Oh, Dios mío! —sentí una náusea seca en las paredes de mi estómago.

—Acerté a ver su cabello rubio, largo, desmadejado y teñido de sangre —hablaba con la vista fija en el horizonte, como quien recita al viento—. Luego supe que era una mujer muy joven… Veinte años. Se llamaba Sara.

—¿Era la única ocupante del vehículo? —pregunté.

—No —fue Querit quien respondió—. Con Sara también viajaba Raquel.

—¿Murió también? —me atreví a inquirir.

—Raquel estaba…

La frase que inició Andrés se quebró como si unas manos invisibles la hubieran quebrado en el aire. Dirigí la mirada hacia el rostro de mi maestro —aunque a él no le encanta que le dirija tal título, estoy seguro de que lo merece— y vi que sus ojos se habían inundado de unas lágrimas tan gruesas que desbordaban los límites de los párpados.

—Raquel murió en el acto —casi lo susurró Querit—. Del impacto murió en el acto…

—¿Era… Era… también joven? —dije con un hilo de voz.

Hice la pregunta mirando de frente a Andrés, pero él apartó la mirada, fijándola de nuevo en el bellísimo horizonte donde solo quedaban las secuelas naranjas y rosas de un sol ya desaparecido.

Fue Querit quien respondió:

—Raquel viajaba en el vientre de Sara… Sara estaba embarazada…

Querit calló y a mí el estupor me enmudeció. Durante algo más de dos minutos, nos envolvió un profundo silencio, como si todo el ruido se hubiera desvanecido. Luego, se movió una leve brisa y solo se escuchó el rumor del viento en los árboles y el sonido de la pequeña fuente del jardín.

—Pasé cuatro noches vomitando y pensando que, en algún sitio, alguien con suerte en ese momento, estaba sufriendo un infarto —profirió esas palabras con un brillo especial en sus pupilas—. En el hospital pensaron que no iba a sobrevivir y, durante mucho tiempo, eso fue lo que deseé. ¿Quién puede, sin ser un psicópata, vivir con la sensación de haber matado a dos seres? ¿Cómo duerme uno por las noches al pensar en unos padres que han perdido a la vez hija y nieta? ¿De qué manera se arrastra una roca tan enorme que aplasta nuestra conciencia?

Clavó sus ojos en los míos, buscando unas respuestas que yo no podía darle. Así permaneció un instante y luego, con voz desgarrada, concluyó:

—Durante largo tiempo, tuve miedo de cerrar mis ojos para dormir, pues lo que veía me angustiaba y las pesadillas de mi duermevela me dejaban sentado en la cama y sudando a mares.

Recordé, al escucharlo, que en el seminario me dijeron cómo el suceso que lo dejó sin poder caminar había sumido a Andrés en una profunda depresión. Evoqué también que insistían en que «al maestro no le gusta hablar de ese incidente».

Ahora lo comprendía todo.

—¿Fue un golpe muy duro conocer que no podría volver a caminar? —hice la pregunta con la sola intención de desviar la atención de las muertes y centrarla en él, pero se resistió:

—Eso fue lo que menos me importó —negó con rotundidad, llevando la barbilla de hombro a hombro—. Fue lo otro lo que me destruyó. Cargar con dos muertes a las espaldas... Dos vidas que lo tenían todo por delante... Viví, una por una, las cinco fases del duelo: negación, ira, negociación, depresión y aceptación —guardó un prolongado silencio—. Llegué tan agotado a la cuarta fase que en ella quedé caído; creí que nunca saldría de aquella monstruosa melancolía —sonrió y en su rictus me pareció percibir un toque de ternura.

—¿Quedó mucho tiempo en la etapa de la depresión? —inquirí.

—En realidad no estoy seguro de haber pisado la etapa de la aceptación, pero me alcé, puedo asegurarlo, de aquella terrible postración.

—¿Entonces consiguió salir?

—Un domingo en la noche me estremecí —Andrés prosiguió, creo que sin tan siquiera haber escuchado mi pregunta—. Antes de acostarme de nuevo, fue lo único que hice todo el día: acostarme y levantarme, reparé en que era domingo y ni me había dado cuenta; ni había extrañado el culto en la iglesia... Eso puso de relieve mi deplorable estado. Salí al exterior. Era luna nueva. El cielo, duro y brillante, nada decía. Las librerías recargadas nada decían. El corazón nada decía tampoco —reflexionó un instante, solo un instante—. No está apenado, ni dichoso, el deprimido... Es una ausencia de todo y de todos, que lo deja a uno sin referencias para describir lo que siente. Vacío... Tal vez eso es lo que más se aproxima al sentimiento que lo ahoga. Y por haber vacío, no hay nada, ni razón para asearse, ni para levantarse de la cama, ni para comer... Nada... Qué palabra tan espantosa. Los días carecen de relieve, son idénticos todos ellos, idénticamente oscuros.

—Pero, salió —yo necesitaba decirlo—. ¡Usted salió! ¿Cómo logró hacerlo?

—Yo no salí —me corrigió suavemente mi maestro—. Ellos me sacaron.

—¿Ellos? —pregunté un tanto perdido—. ¿Quiénes?

—Grupos G.A.S. —sonrió—. ¿Recuerdas? Grupos de Apoyo y Sabiduría: un grupo de amigos que se pegaron a mí como una segunda piel y me acompañaron en ese oscuro trance —asintió con la cabeza un par de veces antes de proseguir—: cada vez que yo gritaba que mi vida era una ruina, ellos me recordaban que mi vida no era el momento que en ese instante vivía, que era mucho más que ese negro lapso de tragedia.

—Por eso da usted tanta importancia a tener un equipo de amigos —advertí.

—Sí —respondió con una sonrisa—, yo solo nunca lo habría superado. Y mi otro salvavidas fue convertir el corazón de Dios en mi domicilio constante. Jamás habría salido sin ambas cosas —afirmó encogiéndose de hombros—. Uno no sabe lo fuerte que puede llegar a ser hasta que ser fuerte es la única alternativa que le queda, y mis amigos me lo recordaron constantemente.

—Imagino que, si usted pudiera, borraría esa etapa de su vida.

Reflexionó un instante, mesándose la barbilla, luego miró a Querit y tendió su mano tomando la de ella, entonces susurró:

—No voy a decirte que esté agradecido de haber vivido aquello, pero fue la única manera de conocer a Querit.

—No le entiendo —repliqué desconcertado.

Mi maestro guardó silencio por unos instantes y me lanzó una mirada amargamente irónica. Se percibían, en sus rasgos, restos del pesar derivado de la historia que acababa de narrar.

—Fue debido a esa tragedia que la conocí —miró a Querit con ojos que chorreaban amor en estado puro.

No quise volver a decirle que seguía sin entender; me preocupaba que una nueva pregunta pudiera atribuirse a insana curiosidad, pero Querit leyó la interrogante en mi mirada:

—Yo soy la madre de Sara —habló con una serenidad asombrosa—. Soy también la abuela de Raquel: la pequeñita que se unió a mi hija en ese viaje final —levantó la mirada y su sonrisa encendió mil luces en la noche incipiente—. Las dos me esperan en el cielo.

Andrés me miró, no sé si aguardando unas palabras o solo por ver mi expresión.

Hubiera deseado decir algo, pronunciar alguna frase oportuna, estar a la altura de lo que acababa de escuchar, pero tuve la sensación de que un trapo húmedo pasó por mi mente, como el que borra de una pasada lo que hay escrito en el encerado.

Estupor, eso fue lo que sentí, a la vez que un escalofrío recorriéndome desde la coronilla hasta la punta de mis pies. Abrí la boca, pero no para hablar, sino de puro asombro.

Estaba mudo.

Entonces escuché:

—¿Y pudo usted casarse con la persona que mató a su hija? —la voz fue como un trueno: provino desde atrás, a nuestras espaldas. Aquella pregunta sonó exasperada, incluso enfurecida. Los tres nos giramos al unísono para encontrarnos frente a frente con ella:

—¡Rebeca! —Querit fue la primera en exclamarlo.

—¡Hija, no te oímos llegar! —replicó un sorprendido Andrés.

—¡Rebeca! —grité yo el último de todos.

—Perdonen —se disculpó—. La puerta del jardín estaba abierta. Entré para hablar con ustedes y al ver que... él —me señaló a mí— estaba aquí, pensé en marcharme, pero el discurso que tenían me dejó enganchada —miró fijamente a Querit—. No puedo entenderlo —movía la cabeza en un gesto de negación—. No puedo entender que usted esté viviendo con la persona que mató a su hija... A su nieta —sus ojos se abrieron desmesuradamente—. ¿Cómo ha podido perdonarlo?

Calló durante un rato Querit.

—¿No lo imaginas? —interrogó sin más.

Sin despegar los labios, Rebeca negó con la cabeza.

—Tal vez conozcas una frase que se atribuye a un rey muy sabio, de nombre Salomón —musitó Querit con gran serenidad—: *Cuando se perdona una falta, el amor florece*[21].

—Ojalá fuese tan sencillo —protestó Rebeca casi más exasperada. Ella, siempre cerebral y pragmática, odia las soluciones simplistas y las respuestas emocionales—. ¿Cómo se logra eso?

—Creo que esa pregunta podríamos dirigírsela a Dios: ¿Cómo pudiste perdonarnos tras matar a tu Hijo? ¿Cómo puedes vivir amando a quienes ejecutamos a un ser inocente? —la sonrisa en el rostro de Querit parecía cincelada—. La respuesta es: amor. ¡Por supuesto que no voy a decirte que eso sea sencillo, claro que no! —reforzaba su argumento con el movimiento de negación de su cabeza—. Tardé bastante, pero al final me di cuenta de que solo tenía dos opciones: perdonar o guardar rencor, y comprendí que lo segundo es como sacar mil fotocopias del dolor vivido. Perdonar es

---

21 Proverbios 17:9 (NTV)

decidir volver a vivir. El rencor es un veneno que tomamos nosotros, pensando que hará daño a quien nos ofendió. El rencor es un cáncer que se cura con la decisión de perdonar. ¿Quieres saber la manera más efectiva de perder peso? ¡Perdona! ¡Te quitarás un enorme peso de encima! ¡Asombrarás hasta a la báscula! —sonrió al decirlo—. ¿Significa eso que no amase a mi hija o a mi nieta? ¡Por supuesto que no! —pronunció con firmeza—. Solo significa que las amo tanto que no quiero pensar en ellas tras el filtro del odio, sino del amor. Su recuerdo permanece y siempre estará, pero no teñido de amargura, sino de paz.

—Pero… —Rebeca quería entenderlo y admitirlo, pero le resultaba difícil—, fue algo horrible.

—Y él —miró a su marido— era el primero que lo sabía, y le dolía, y estaba destruido, y también arrepentido —no soltaba la mano de Andrés—. Tuve, a lo largo de la vida, suficientes ocasiones de ver de cerca lo que significa no aceptar la responsabilidad de los hechos. Lo vi en el hombre que, bastante mayor que yo, me dejó embarazada cuando yo solo tenía dieciséis años y desapareció. Lo vi en mi padre que me exigió abortar y, al no querer hacerlo, me echó de casa. Lo vi también en el cobarde que, como cumpliendo un terrible ciclo, embarazó a Sara, mi hija, y la abandonó. He tenido la oportunidad de conocer a suficientes cobardes que no asumen sus errores, por eso con treinta y seis años estaba soltera y sin ninguna intención de dejar de serlo; pero conocer la cobardía me ayudó a distinguir a los verdaderos valientes que reconocen sus errores y las consecuencias de ellos —se inclinó entonces hacia Andrés y lo besó—. Por supuesto que lo que ocurrió entre este hombre y yo no fue nada rápido…

—Doy fe de que no fue rápido, ni tampoco sencillo —confirmó Andrés asintiendo con la cabeza.

—Durante más de un año no quise verlo, aunque él insistía en pedirme perdón.

—Dos años y tres meses —concretó él marcándolo con los dedos.

—Me enviaba flores en el que sería el cumpleaños de Sara y notas hermosas con palabras de consuelo en el aniversario del fatal accidente —asentía Querit al decirlo—. Te lo aseguro, Rebeca, distingo el verdadero arrepentimiento —inesperadamente me miró para añadir—. Y, hazme caso, en él también lo veo.

Ese final del discurso nos hizo quedar mudos por un instante. Yo agaché la cabeza y Rebeca clavó su mirada en el horizonte.

Percibiendo la tensión, Andrés salió en nuestra ayuda:

—¿Sabéis cuando ocurrió ese trágico accidente que cambió nuestras vidas para siempre? —aguardó unos segundos, pero ante el silencio de todos optó por responder—. Tuvo lugar en abril —tres segundos de silencio nos permitieron captar lo que él enseguida ratificó—. Sí, un trece de abril, como hoy. Porque exactamente hoy hace cincuenta años de esa tragedia, y hoy, precisamente hoy, hace cuarenta años que nos casamos —Andrés puso sus dos manos sobre las de Querit quien, desde atrás, las mantenía sobre el pecho de su marido.

—Puede parecer macabro que eligiéramos el mismo día para casarnos —explicó ella—, pero os aseguro que fue la manera más efectiva de que Sara y Raquel estuviesen presentes en nuestra boda. Ni un solo segundo estuvieron ausentes, y es también la manera de que, cada año, ese día tenga una capa de gozo que cubra la tragedia. Se han apagado sus voces, pero no se silencian sus vidas.

Todos quedamos en el silencio más absoluto. Unos por el estupor y otros, por el recuerdo. Nadie habló durante un lapso de tiempo prolongado, hasta que, con la voz rota por la emoción, no pude reprimir el impulso:

—*Cuando se perdona una falta, el amor florece* —dije, y en un instinto incontrolable tomé la mano de Rebeca que, tal vez por la sorpresa, no la retiró—. ¿Me perdonarás? —era mi corazón el que suplicaba—: ¿podrás perdonarme?

Los ojos de Rebeca estaban inundados; sus labios se movieron articulando algo brevísimo que fui incapaz de escuchar, pues el aleteo de un ave sonó como un estruendo en la quieta noche.

Todos volvimos la mirada hacia la paloma que parecía de blanco fosforescente mientras escalaba en el cielo nocturno.

CUATRO LETRAS QUE LO RESUMEN TODO: AMAR

Por supuesto que esa noche no fui capaz de dormir. Demasiadas emociones y todas demasiado fuertes. Mi corazón se negaba a bajar el ritmo, lo mismo que mi cabeza.

Los acontecimientos y el relato de aquella parte íntima, casi sagrada, de la vida de mi maestro, me hizo comprender la genuina espiritualidad que irradiaba: era una espiritualidad sincera y cercana que se había forjado a golpe de cincel y sobre el yunque del herrero.

El dolor vivido lo acercó irremediablemente a Dios y eso se notaba. Ese mismo dolor lo acercó también, y maravillosamente, al sufrimiento de los demás, algo que se percibía con toda claridad.

Andrés no se comportaba como maestro o gurú: nada más lejos de él. Hablaba con una simplicidad comprensible y hasta entrañable; nada frío ni distante. «Hace tiempo que dejaron de gustarme los santos levitantes; prefiero los aterrizados», me dijo un día. Y él lo era: no era un santo levitante, sino totalmente aterrizado. Bromeaba, reía y abrazaba a todos como si fuera uno más, pero sin que él se lo propusiera todos sentíamos que Dios entraba en el aula de su mano.

En mis tiempos de estudiante, le dejé una nota en la hoja de examen, un poco al margen y escrita con tinta de otro color: «Quiero ser pastor, pero siento que la vocación me viene grande y la responsabilidad me supera. Deme un consejo, por favor».

Su respuesta fue sorprendente y llegó en unas hojas anexas a la de mi examen una vez corregido. Me llamó la atención que escribiese en tinta de color verde.

Lo que no esperaba es que ahora, la mañana siguiente a la revelación del terrible accidente y del sorpresivo encuentro con Rebeca, apenas hube salido de la ducha bajo cuyo chorro estuve por largos minutos en un vano intento por despejarme, mi teléfono sonara y fuera él citándome:

—Hijo, ¿podrías venir a desayunar a casa? Me encantaría darte algo que hoy encontré por aquí.

Poco después estaba cruzando la puerta de entrada a su pequeño jardín. Querit y Andrés estaban sentados a una mesa que se ubicaba en el punto exacto donde la noche anterior habíamos tenido nuestra intensa conversación.

—Hijo, gracias por venir —Andrés tendió sus brazos, como siempre, reclamando que me aproximase para envolverme en ellos—. ¡Pensamos que te gustaría desayunar afuera, la mañana es espléndida!

—Y la vista que disfrutan desde aquí lo es mucho más —dije mientras me aproximaba a saludar a Querit con un beso en cada mejilla.

Tomé asiento en la silla que había libre, entre los dos, y recreé la mirada en la asombrosa imagen que desde allí se disfrutaba: una inmensa extensión de verde ondulante, con subidas y bajadas. Los árboles más diversos se mezclaban con grandes alfombras de jugoso césped, y ese color se extendía hasta fundirse con el purísimo azul del cielo a la distancia.

—Aquí tienes tu café —dijo una sonriente y amable Querit, poniendo frente a mí la taza humeante—: bien cargado, como a ti te gusta.

—Es usted muy amable, Querit. Hoy necesito especialmente un café bien intenso, la emoción no me dejó dormir. Por cierto, quiero darle las gracias por esas palabras tan persuasivas que le dirigió anoche a Rebeca, fueron…

—Solo dije la verdad —interrumpió con vehemencia—. Nunca saldría en defensa de alguien en cuya sinceridad no creo.

—Por eso le estoy agradecido —insistí—, por creer en mí, aunque las recientes evidencias no contribuyan a esa fe.

—Te conozco hace suficientes años como para poder leer tu alma desde la ventana de tus ojos. Y lo que ahora mismo veo escrito allí se puede resumir en una palabra: arrepentimiento. Esa palabra siempre ha marcado el inicio de una feliz historia de restauración.

Andrés asistía a nuestra conversación con evidente gesto de complacencia. Fue cuando estuvimos un par de minutos en silencio y apurando nuestro desayuno cuando pidió:

—Querit, por favor, ¿podrías traer la caja de mis papeles?

Acudió Querit y enseguida regresó con una caja de cartón poco más grande de las que se usan para guardar un par de zapatos. Mientras Andrés revolvía en los papeles, ella extendió el toldo para protegernos del sol que ya empezaba a calentar con fuerza.

Poco después, Andrés me dio a leer lo que parecía una carta, pero que enseguida, por la letra manuscrita en tinta verde en el reverso, reconocí:

—¡Es mi examen de Historia de la Iglesia! —exclamé.

—¡Así es! —afirmó riendo con ganas—. Esta mañana revisé ese pequeño baúl de recuerdos —lo dijo señalando a la caja —, y al ver esas hojas me emocioné recordando cuando me pediste un consejo para servir a Dios con efectividad, y eso te respondí. Léelo, por favor —hablaba emocionado como un niño—, léelo —y mirando entonces a Querit, le dijo—: esa fue mi respuesta, cariño, cuando David me pidió un consejo para ser un buen pastor.

—«AMA, esa es la clave —leí en voz alta—. Cuando Jesús llegó, encontró una sociedad sometida al yugo de la ley. Los líderes religiosos habían desarrollado un sistema con seiscientas trece leyes. Eligieron ese número porque era la cantidad de letras que había en el texto original que contenía los Diez Mandamientos. Luego hallaron la coincidencia (probablemente forzada) de que también hubiera seiscientos trece mandamientos en el Pentateuco. Dividieron la lista en mandamientos afirmativos (haga esto) y mandamientos negativos (no haga esto). Había doscientos cuarenta y ocho mandamientos afirmativos, uno para cada parte del cuerpo según su interpretación, y trescientos sesenta y cinco negativos, uno para cada día del año. Como habrás comprobado, la suma de ambos completa los seiscientos trece. Luego subdividieron esa lista en mandamientos vinculantes y no vinculantes.

»¿Te das cuenta? Esas personas pasaban sus días y noches debatiendo sobre normas y preceptos. Vivían en una prisión de legalismo, encerrados tras barrotes de mandamientos y leyes. Sus ojos intoxicados de ley y sus corazones supurando mandatos.

»A años luz de la Gracia.

»Llega entonces Jesús y proclama un mensaje que chorrea misericordia y en el que prevalece el amor. Los fariseos, inquietos e indignados, se reúnen y tras minuciosa deliberación urden una estrategia para humillar a Jesús en público. Eligen al más sagaz de ellos, especialista en leyes, y ese aborda a Jesús. La pregunta que le lanza es: ¿cuál es el más importante de los mandamientos? A estas alturas, como estudiante aventajado y de tercer año, ya sabrás que estoy refiriéndome al episodio que se relata en el capítulo veintidós del evangelio de San Mateo.

»¡No era sencillo el dilema en el que pusieron a Jesús! ¡Las leyes llevaban siglos de evolución! ¡Le pidieron un solo mandamiento: que se decantase por el más importante! No parece que Jesús dudase. Su respuesta surgió firme y exenta de titubeos: *Ama a Dios sobre todas las cosas y a tu prójimo como a ti mismo.* Y a renglón seguido añadió: *En esto se resume toda la ley y los profetas.*

»¿Te das cuenta? ¡Esa breve sentencia que surge de los labios de Jesús no solo resume la totalidad de la ley, también concentra la enseñanza de los profetas! Aquella respuesta fue dinamita para la estructura del judaísmo: los seiscientos trece mandamientos, con todas sus divisiones y subdivisiones, quedaron resumidas en dos preceptos: ama a Dios y ama a tu prójimo.

- Jesús no bajó el nivel de la ley, subió el nivel del amor.
- No abolió la ley, concentró toda su esencia en cuatro letras: AMAR.
- Me pides un consejo para desplegar con eficacia este sagrado llamado.
- Aquí va: siéntate cada día a los pies de Jesucristo y pídele un nuevo bautismo de amor.
- Solo se necesita amar a Dios, amar Su Palabra y amar a las personas. Que cada día seas rociado de amor antes de enfrentar la vida.
- Es posible servir sin amar, pero es imposible amar sin servir.
- **Ama a Dios**. Lutero dijo: Es imposible transgredir ningún otro mandamiento sin quebrantar antes el primero:

ama a Dios sobre todas las cosas. Cuando lo amas a Él, te dolerá el alma si le ofendes. No será el temor lo que te aparte del mal, será el amor lo que te lleve a cuidarte. Pero el amor a Dios no solo te disuadirá de agraviarlo, también te hará buscar su cercanía. Así como los enamorados se buscan, el amor a Dios ejercerá en ti un magnetismo, una atracción irresistible que te conducirá a su intimidad, y ese tiempo sagrado iluminará la senda en que debes conducirte.

- **Ama Su Palabra**. Es la colección de cartas de amor que Dios te dirige. Cuanto más la ames, más la leerás y cuanto más la leas, más la amarás. Déjate atrapar en ese bucle bendito, porque el resultado será asombroso. Si inhalas Biblia, exhalarás vida. No he conocido tiempos más llenos que los que paso mirando a Dios y escuchándolo en Su Palabra. Cuando la vida aprieta y el camino se torna empinado y escarpado, a menudo me postro desecho pero siempre me levanto rehecho y transformado. En los días en que tuve mil preguntas, las respuestas llegaron en una brillante gema que yacía entre las líneas de ese Libro. Ama la Biblia, es decir, valórala, ingiérela, digiérela y vívela.

- **Ama a las personas**. O amas a quienes sirves o dejarás de servirles. Si dejas de amarles, tal vez sigas trabajando para ellos, pero no ya desde el gozo del servicio. Serás un profesional e incluso un líder, pero no un padre. Ellos no necesitan solo calidad, también precisan calidez. Es el amor lo que convierte el servicio en gozo y el altruismo, en bendición. Es el combustible capaz de mantener en movimiento la maquinaria del ministerio. Es el agua que apaga el fuego de la decepción y el reconstituyente que nos hace sobreponernos al desengaño, la indiferencia de los demás e incluso a la traición.

El amor es el herbicida que mata los espinos que quieren ahogar la planta del servicio. ¿Qué movió a David Brainerd a dejar su vida entre los pieles rojas y entregarla a los treinta y cinco años? ¿Qué llevó a Allen Gardiner a la Tierra del Fuego, a morir allí de inanición sin abandonar a aquellos a quienes misionaba? ¿Qué hizo que Jimmy Elliot se mantuviera sirviendo a los indios aucas en Ecuador hasta morir ensartado por sus lanzas? ¿Qué llevó luego a su viuda a perdonar a los verdugos de su esposo y llevarlos a los pies de Cristo? Solo el amor... No hay otra opción. No hay otro camino. Fue el amor lo que llevó a Dios a dejar su trono y pisar mi barro. Fue lo que lo movió a cambiar las alabanzas de los ángeles por la blasfemia de los humanos. Lo que hizo que nos tendiera la mano, aunque se la taladráramos, y nos abriera su corazón, aunque lo ensartáramos».

Mantuve largo rato la mirada sobre los papeles, aun cuando ya los había leído.

—¿Cómo es que tiene usted esas hojas? —pregunté.

—¿No lo recuerdas?

—¿Que si no recuerdo? —no entendía su pregunta—. ¿El qué?

—¿Es posible que no logres recordarlo?

Su insistencia me inquietó. ¿Qué era lo que debía recordar? —negué con la cabeza.

—¿No recuerdas —repitió— el día que viniste a verme porque estabas tan desanimado que ibas a dejarlo todo? Estaba comenzando a anochecer y me trajiste este papel —tomó los folios de mi mano—. Presa de un ataque de pánico, lo arrugaste y lo tiraste a mis pies diciendo que no funcionaba, que habías dado tu amor hasta vaciarte y que seguías dando incluso lo que no tenías, pero no servía para nada —reparé entonces en que las arrugas aún se adivinaban en los folios, aunque habían sido cuidadosamente planchados—. ¿No recuerdas que ya bien entrada la madrugada, cuando estabas algo más tranquilo, oramos en ese sillón —señaló al interior de la casa—, mientras Querit, en nuestro cuarto, arrodillada también oraba? Te marchaste algo más tranquilo. Pocos días después, recibiste tu primera invitación internacional, y desde entonces ya no paraste de viajar, de ser utilizado por Dios y de crecer en influencia y bendición.

El discurso de Andrés, como un foco, iluminó cada rincón de mi memoria haciéndome recordar aquella noche:

—Fue una noche de domingo —comencé a relatar—, esa mañana, tras un bendecido servicio, sufrí... Sufrimos, Rebeca y yo, una dolorosa traición: mi colaborador más cercano, a quien consideraba mi hijo, en quien había volcado todo mi cariño y confianza, me comunicó su partida de nuestra iglesia para abrir una nueva, apenas a doscientos metros de nosotros. Un tercio de la iglesia se fue con él... También con él se marchó nuestra ilusión y la inocencia ministerial, y la alegría. Lo había amado, los habíamos amado y entregado todo lo que éramos y teníamos. No nos dieron las gracias, tan solo nos dieron la espalda. Esa noche de domingo vine aquí con la intención de renunciar, usted me abrigó con palabras, con oraciones, con abrazos. Esa fue la última ocasión en que les vi. Dios fue extraordinariamente bueno con nosotros. Poco después abrió caminos que jamás habíamos imaginado. La mayoría de los que se fueron de la iglesia regresaron y con ellos otros muchos —agaché la cabeza con un enorme sentimiento de vergüenza—. Pensé, equivocadamente, que ya no necesitaba esos encuentros con ustedes; que no debía molestarlos más, y por eso dejé de venir a verlos. Créanme, no fue presunción, sino prevención de no molestarlos... Hasta ahora, que pudo más la preocupación que la precaución.

—¡Nos llegaban las noticias de cómo Dios te estaba usando —era Querit— y nos sentíamos tan orgullosos de ti!

—Y felices —añadió Andrés—, muy felices al imaginarte feliz… ¡Claro que extrañábamos tus llamadas y tus visitas, pero suponerte feliz y verte siendo usado por Dios nos llenaba de gozo!

GANAR EN PROFUNDIDAD ANTES DE ALCANZAR ALTURA

Pasamos una mañana deliciosa, recordando viejos tiempos e incluso riendo, aunque eso no evitaba que cada cinco segundos mirase con anhelo la pantalla de mi teléfono, esperando encontrar algún mensaje de Rebeca.

—Voy a preparar algo de comer —dijo con decisión Querit cuando era la una de la tarde.

—Regresaré a casa —dije—, les dejaré que almuercen tranquilos.

—¡De ninguna manera! —se impuso con firmeza Andrés—. Comerás con nosotros y, si me lo permites, cariño —miró a su mujer—, yo os cocinaré una deliciosa lasaña.

—¡Por supuesto que te lo permito! No tienes que pedirme permiso para cocinar —rio Querit—. ¡Voy encendiendo el horno para que coja temperatura!

Fue admirable la manera en que mi maestro, ayudado por Querit, se desenvolvió para preparar aquel plato de comida. Los muebles de la cocina y todo el instrumental estaban acondicionados para que él pudiera alcanzarlos desde su silla y de ese modo dedicarse a algo que le apasionaba: cocinar. Andrés demostraba, minuto a minuto, que no hay discapacidades, solo capacidades especiales, y que las limitaciones de una persona solo están en su mente.

La lasaña resultó deliciosa y la conversación aún más; tan larga fue la sobremesa que cuando quisimos darnos cuenta el día comenzaba a declinar. A mi izquierda, un sol oro y plata resbalaba sobre los árboles humedeciéndolos de belleza. Debajo de las ramas, resplandecía el verde de la hierba.

Apuró Andrés su café de sobremesa, hizo la taza a un lado y sacó una pequeña libreta que yo conocía bien, era donde acostumbraba anotar las reflexiones que luego quería compartir conmigo.

—Cada día aumenta en mí la certeza de que volverás a la primera línea de batalla, hijo —la seguridad con la que hablaba era convincente y persuasiva—. Por esa razón creo que debemos ir afirmando las columnas que te mantendrán sin caída. Para dejar huella lo primero es tener los pies sobre la tierra y no conozco mejor ancla que nos fije a nuestro suelo que la comunión con Dios. Un encuentro con su majestad nos baja del podio, nos apea del pedestal, nos afirma en el camino… Esa comunión nos aterriza. *Con Cristo estoy juntamente crucificado*, decía el apóstol Pablo[22]. Él lo entendió: el llamado de Dios no nos conduce a un trono, sino a una cruz. Pero esa cruz no desemboca en un sepulcro, sino que se convierte en el útero donde se gesta la mayor de las victorias. Nuestro destino no es un podio —repitió mi maestro—, sino un altar. ¿Leíste de niño ese libro titulado *Alicia en el país de las maravillas*? En el capítulo cuatro de la novela, cuando el Conejo Blanco y sus empleados le tiran piedras a una gigantesca Alicia para que saliera de la casa de este, las piedras se convierten en unos pastelillos que le cambian el tamaño —y advirtió mi maestro—: pero la cambian a menor, y gracias a que empequeñece puede introducirse por cerraduras que le dan acceso a nuevos lugares. Hijo —había infinita ternura en su mirada, y la misma ternura impregnaba las palabras—,

---

22 Gálatas 2:20

come de ese pastelillo que hacía a Alicia empequeñecerse. Ese pastelillo es la cercanía de Dios. Lo mismo que a Alicia, también a ti te tirarán piedras, pero estando junto a Él verás que se convierten en dulces que te alimentan, en vez de herirte. Ahora, esas bendiciones no deben hacerte crecer, sino menguar, porque para acceder a los lugares más sagrados no podemos ser muy grandes. El lugar Santísimo es estrecho y de techo bajo, uno no puede entrar si se ha inflado mucho, y a menudo uno no cabe si no es arrodillado. Los recovecos más sagrados de la comunión con Dios no admiten gigantes... *Es necesario que Él crezca, y que yo mengüe.*

Ahora sí, abrió su libreta y la puso sobre la mesa. Allí dibujó con admirable pericia lo que a todas luces era una mesa con sus cuatro patas. Cada una de esas patas era robusta y con espacio suficiente en su interior para admitir algunas letras. Sobre una de ellas escribió: «Gálatas 2:6» y, entonces, explicó:

—Pablo llevaba cinco años convertido cuando escribió lo siguiente: *Los líderes de la iglesia no tenían nada que agregar a lo que yo predicaba*[23]. ¿Qué te parece? —rio—. Un lustro caminando con Dios, pero el bueno de Pablo seguía bastante arrogante. Dios, en su misericordia, siguió trabajando en la vida del siervo, y seis años más tarde escribe a la iglesia establecida en Corinto, y en su carta incluye el siguiente mensaje: *Porque yo soy el más pequeño de los apóstoles, que no soy digno de ser llamado apóstol, porque perseguí a la iglesia de Dios* —había regresado a su libreta y sobre otra de las patas de la mesa anotó «1 Corintios 15:9»—. Me gusta el cambio que se aprecia en el tono del apóstol. Puedes apreciar que estas palabras tienen más humildad que las que había dirigido a los gálatas.

Asentí con la cabeza sin nada que añadir. Me gustaba la línea que tomaba el discurso.

---

23 Gálatas 2:6 (NTV)

—El tiempo transcurre —dijo mientras escribía en una tercera pata de la mesa la cita de Efesios 3:8—, la gracia de Dios se manifiesta en la vida de su siervo, las iglesias se multiplican, la obra se consolida, y entonces doce años después dirige estas palabras a la iglesia establecida en Éfeso. Mira lo que les dice: *Yo soy menos que el más pequeño de todos los que pertenecen al pueblo santo* —rio con ganas Andrés mientras simuló hablar con el apóstol—: ¡Pero, Pablo, mira las iglesias, mira los surcos rebosantes de vida! ¿Puedes apreciarlo, David? La obra crece, el ministro decrece. Cuanto más pequeño se hace el siervo, más lo honra su Señor. Me encanta el final de este proceso —inclinado sobre la libreta escribió sobre la última de las patas «1 Timoteo 1:15»—: veinticinco años después de la primera de las notas que hemos leído y dos años antes de morir, escribe a un jovencito llamado Timoteo y le dice lo siguiente: *Cristo Jesús vino al mundo para salvar a los pecadores, de los cuales yo soy el primero.*

Me quedé mirando el papel en el que Andrés había registrado el proceso de Pablo.

—Entre la primera afirmación de Pablo —precisó Andrés—: *Los líderes de la iglesia no tenían nada que agregar a lo que yo predicaba,* y la última —mi maestro señaló con su dedo índice la cita de 1 Timoteo—: *Cristo Jesús vino al mundo para salvar a los pecadores, de los cuales yo soy el primero*[24], median veinticinco años, en los cuales Pablo trabajó en la obra de Dios, y Dios trabajó en la vida de Pablo.

No sé cuánto tiempo mantuve mis ojos sobre el escrito, hasta que Andrés arrancó la hoja, la plegó y tras introducirla en un sobre me lo entregó.

—Consérvalo —me dijo—. Esas cuatro patas conforman la mesa sobre la que Dios pondrá su alimento, para ti y para muchos a los que sentará contigo —mientras yo guardaba

---

24 1 Timoteo 1:15 (NTV)

el papel en el bolsillo de mi pantalón, añadió—: del mismo modo que el río debe precipitarse ladera abajo para cumplir con su misión en el valle, así nosotros debemos recordar que el camino a la auténtica grandeza es descendente.

Sin previo aviso cerró sus ojos, entrelazó los dedos de ambas manos y sobre ellas dejó reposar su cabeza mientras oraba. Su plegaria puso fin a nuestro encuentro de ese día, del mismo modo que su discurso de aquella tarde había inaugurado un nuevo camino para mí.

Se había hecho casi de noche. Un azul oscuro y ceniciento anegaba el paisaje, lo sumergía y lo difuminaba; bebía los perfiles de los árboles; confundía sus copas con las nubes. Una sigilosa niebla ascendía de la tierra. La noche de grandes pies, solemne, iba a tomar asiento...

De repente, alguien encendió las farolas del jardín, o probablemente se activaron solas.

La dama de noche, que crecía grande como un árbol junto a la puerta, liberaba su perfume denso y cálido.

—Sembré hace años un pequeñísimo esqueje y mira en lo que se ha convertido —indicó Andrés al ver que observaba la planta—. Ahora mide tres metros, pero puede alcanzar hasta los cinco de altura.

—Es una de mis plantas favoritas —le dije—. Me encanta el aroma que desprende.

—No sé qué me gusta más del *Cestrum nocturnum*...

—¿Así se llama? —interrumpí.

—Ese es su nombre oficial, aunque es más conocido con la denominación que tú le diste, y muchos lo llaman también «galán de noche» o «zorrillo»; pero, como te decía, no solo me cautiva su olor —dijo aproximándose a uno de los racimos de pequeñas flores e inhalando profundamente—, lo que más me fascina es que lo hace solo de noche. Activa su don sin espectadores que aplaudan —sostuvo con la yema de su dedo índice una de las pequeñas flores de mínimos pétalos color verde pálido—. ¿Ves? No tiene un color llamativo ni un tamaño singular, pero llena la noche de aroma sin buscar exponerse bajo los focos —rio—. Cada vez que me siento junto a este árbol a leer, su discreción me exhorta. Esta planta no está inquieta por ganar seguidores ni por atesorar *likes* en las redes. No persigue estar en exposición sino a disposición. Dios llena la noche de grandes lecciones y sublimes tesoros.

Tras unos segundos de silencio en los que reflexioné en lo escuchado, asentí con la cabeza y me despedí con la mano para iniciar mi regreso.

AYUDADOS HASTA... HACERNOS PODEROSOS

Amaneció el quinto día tras la partida de Rebeca y desde su visita sorpresa en casa de Querit y Andrés no tenía ninguna noticia de ella.

Aquella noche, su respuesta a mi enésima suplica de perdón fue un tímido: «Dame tiempo, por favor». No era lo que yo deseaba oír, pero tampoco fue un «no» taxativo. En el tono de su voz pudimos notar que la posición radical y concluyente del primer día había dado lugar a una resistencia reflexiva, o al menos eso me dijo haber percibido mi maestro.

Recordé también que una mariposa inoportuna, o tal vez oportunísima, desplegó su grácil vuelo cerca de nosotros, y al verla, Rebeca dijo: «El secreto no es correr detrás de las mariposas, sino cuidar el jardín para que ellas vengan a ti».

Tras esos minutos para la evocación, dediqué la mañana a coordinar con mis colaboradores más cercanos las diferentes actividades que la iglesia tendría. Me pareció prudente dejar cubierto todo un mes, incluyendo los servicios de los domingos, las reuniones de oración y estudios bíblicos de la semana, y algún otro especial que ya teníamos previsto en la agenda de la iglesia.

Todos se extrañaron de que lo hiciese telefónicamente y no en la sala de juntas de la iglesia, y varios me preguntaron la razón de que yo me hubiese quedado fuera de todas las actividades, pero no presentaron ninguna resistencia ni pidieron más explicaciones cuando les dije que me sentía indispuesto. De sobra sabía que pronto tendría que convocarles a un encuentro que no iba a resultar sencillo para nadie. Eso era lo siguiente que deseaba perfilar con Andrés.

Conversar con no menos de diez personas y planificar la vida de la iglesia quedándome yo fuera de toda actividad no me resultó fácil y terminé bastante cansado y decaído. A la hora del almuerzo solo preparé una ensalada y la estaba degustando cuando Andrés me llamó para ver cómo me sentía. El «bien» que le dije no lo convenció.

—Te noto desanimado —dijo—. ¿Ha ocurrido algo?

Le relaté las conversaciones que había tenido esa mañana y lo raro que me sentía al verme fuera de todo el programa de la iglesia.

—Bueno —me dijo muy sosegadamente—, veo que va llegando el momento de ir dando pasos. Va a ser preciso convocar cuanto antes al Consejo de la iglesia.

—¿Habrá que explicarles los sucesos con todo detalle? —le pregunté sin poder ocultar mi temor.

—No será necesario entrar en detalles si no te sientes con fuerza de hacerlo —me tranquilizó—, pero sí debemos explicarles que ambos, tú y yo, hemos advertido que requieres un tiempo de restauración y renovación antes de seguir en el ministerio activo.

—Ellos le conocen bien, Andrés, y confiarán plenamente en su criterio —le dije—. Cabría la posibilidad de que usted esté junto a ellos durante este tiempo para cualquier tema de la iglesia que lo requiera.

—Puedes contar conmigo —dijo sin dudar un instante—. Por otro lado, hijo, me gustaría sugerirte un par de nombres, son personas de la máxima confianza y de una enorme calidad espiritual. Me gustaría que ellos hiciesen equipo conmigo para atender tu proceso personal. Pienso que pueden ser grandes apoyos en la labor de reconstrucción. Ya sabes: *Sin liderazgo sabio, la nación se hunde; la seguridad está en tener muchos consejeros*[25]. Pero ¿qué te parece si vienes por aquí esta tarde y lo hablamos tranquilamente? Nada mejor que conversar en persona.

Apenas hube terminado la llamada, reparé en que Andrés no me había dejado solo ni siquiera un día desde mi gran crisis. Valoré tanto la lealtad y el compromiso de su amistad conmigo. Yo había marcado distancia durante mi éxito y ahora él no se despegaba de mí en mi fracaso. No pude evitar que se me humedeciesen los ojos ante una muestra tan grande de verdadera amistad.

Esa tarde, decidí ir caminando hasta su casa. Me tomó casi una hora, pero el paseo resultó muy útil para meditar, orar y reflexionar.

Ya en su casa, me detuve frente al enorme árbol en que se había convertido la dama de noche. La explicación de Andrés estaba reciente y pude valorar las diminutas flores replegadas y reservando su aroma para la noche. Junto a ellas, la pacífica exhibía casi con ostentación sus llamativas flores. Me di cuenta de que, de pronto, me sentía muy encariñado con los racimos de pequeñísimas flores que pasaban desapercibidos durante el día y anhelé parecerme a ellas: inundar la noche de aroma terapéutico y no buscar la exposición, sino estar incondicionalmente a disposición.

---

[25] Proverbios 11:14

—Necesito que hoy me permitas concluir el tema que nos ha venido ocupando estos días —así comenzó mi maestro apenas hube tomado asiento en su cuarto de lectura—. Créeme que no insistiría tanto en ello si no estuviese seguro de que es un asunto de la máxima importancia. Ministerios robustos se han desmoronado por no prestar atención a este aspecto.

Volvió a tomar la Biblia y la hojeó con llamativa agilidad. Enseguida se detuvo en la página que buscaba, se rebulló en su asiento y me miró para pedirme:

—Escucha con atención, por favor. En este breve relato hay una clave decisiva y determinante, tanto para la vitalidad como para la frescura de un ministerio. Voy a leer en el segundo libro de las Crónicas, en el capítulo veintiséis: *De dieciséis años era Uzías cuando comenzó a reinar, y cincuenta y dos años reinó en Jerusalén... E hizo lo recto ante los ojos de Jehová, conforme a todas las cosas que había hecho Amasías, su padre.*

»Recurrió a Dios mientras vivió Zacarías, que lo educó en el respeto a Dios; y mientras recurrió al Señor, Dios le dio prosperidad... Su fama llegó lejos, pues recibió una ayuda portentosa hasta hacerse muy poderoso. Pero en la plenitud de su poder el orgullo lo llevó a la perdición y se rebeló contra el Señor, su Dios, entrando al Templo del Señor para quemar incienso en el altar del incienso.

Durante todo el día, había estado muy sensible; a decir verdad, me preguntaba si alguna vez volvería a recobrar la estabilidad emocional, pues llevaba días con las palabras del salmista David en mi memoria: *Día y noche, mis lágrimas son mi alimento, mientras a todas horas me preguntan: «¿Dónde está tu Dios?»*[26].

En ese momento la lectura de Andrés terminó de quebrantarme.

Sin poder ni querer evitarlo, lloré.

---

[26] Salmo 43:2 (DHH)

Cuando alcé la cabeza pude ver, a través de la cortina de lágrimas, que Andrés me observaba conmovido. Puso su mano derecha sobre mi hombro y aplicó una ligera presión.

—Ese texto es una descripción de mi vida —dije con la voz entrecortada por la emoción—. Lo que acaba de leer narra de manera fidedigna mi trayectoria.

—¿Podrías relatarme ese itinerario? —pidió con genuino interés—. Me encantaría conocer cómo discurrió esa jornada de tu vida.

Yo no me di cuenta entonces, pero no fue simple curiosidad lo que llevó a Andrés a hacerme esa petición; quiso llevarme atrás en el camino con la intención de que yo mismo descubriese en qué tramo había perdido cosas esenciales. Se propuso conducirme al punto en que me desvié y a la bifurcación en la que abandoné la ruta correcta, porque cuando estamos en la senda equivocada, seguir avanzando solo nos aleja más de nuestra meta. Es necesario parar, aceptar que estamos perdidos y desandar el camino hasta el punto en que nos extraviamos. En ese sentido, retroceder es progresar.

Mi mente me trasladó al inicio y con el óleo de mis palabras fui dibujando mi historia:

—Tenía veintitrés años cuando me gradué del seminario, y Rebeca tenía veintidós.

—Lo recuerdo bien —sonrió Andrés, quien fue parte integral de nuestra historia en ese tiempo—. Una pareja prometedora, lo supe desde el principio.

—Como sabe, fuimos destinados a una pequeña capilla de un pueblecito remoto. Entré al ministerio con gran temor —recordé—. También, por supuesto, con mucha gratitud. Estaba inmensamente agradecido, pues siempre asentí a la aseveración de C. H. Spurgeon: «Si Dios te llama a servirle, no te rebajes a ser rey». Estoy convencido de que ser llamado por Dios es lo más alto a lo que puede aspirar una persona, pero a la vez sentía que el traje me venía grande y los zapatos pequeños —Andrés rio por mi metáfora—. Aquella iglesia tenía quince sillas y siempre sobraba la mitad. Cada día de reunión llegaba una hora antes de que comenzase el servicio y oraba sobre cada asiento. En ese tiempo busqué a Dios, pues era plenamente consciente de mi necesidad. Él, siempre fiel, me bendijo y la iglesia creció. Hoy veo con claridad que mientras yo llamaba a las puertas del cielo, el Espíritu de Dios llamaba al corazón de las personas. Mientras yo abría mi corazón ante Dios, Él abría el entendimiento de ellos. Hoy entiendo que, al regar el templo en oración, estaba fertilizando la tierra. No son programas, es unción; no son luces, es fuego; no es espectáculo, es culto a Dios. Mientras busqué a Dios, Él buscó las almas. Pronto, mi ministerio se expandió, pero todavía era totalmente consciente de que nada, absolutamente nada, ocurría gracias a mí, sino a pesar de mí y por la inmensa Gracia de Dios. Acudía a su omnipotencia porque me sentía impotente; buscaba su omnisciencia porque me sentía ignorante. Cada día, arrastraba mi poquedad a la sombra de la Cruz.

—Y también por eso me buscabas a mí, ¿verdad? —apuntó Andrés.

—Usted lo ha dicho —admití—: por eso le buscaba con obstinación... Por eso incluso le despertaba de madrugada para pedir su consejo. Era terco con Rebeca, quien me decía que no lo incomodase a esas horas, pero el desasosiego no me dejaba parar.

—Ojalá nunca hubieras dejado de ser terco y obstinado para eso —asintió con sincera tristeza en la mirada—, ojalá nunca hubieses dejado de acudir a la cita. No imaginas cuántas veces, preocupado por tu estado espiritual, añoré recibir alguna de esas llamadas que rompían mi sueño.

—Olvidé ambas citas: dejé de llamar al cielo y también a su puerta, Andrés... Si algo en el pasado me sujetaba abajo y apretaba mis pies sobre la tierra, era el tiempo de oración. Ante su Majestad yo veía mi tamaño real. ¿Quién puede pretender brillar al estar junto al sol? Pero cuando descuidé ese tiempo de oración, perdí el ancla que me contenía.

—Y comenzó tu deriva —me miraba con intensidad y asentía a mi discurso.

—Recién graduado del seminario —recordé—, con mi cabeza llena de conocimientos, pero mi corazón vacío de espiritualidad, llegué a la iglesia muy crecido. Allí comencé a ver los problemas reales de las personas. Pronto comprendí que lo esencial de mi trabajo no tendría que ver con libros, sino con almas; no eran documentos, sino esperanzas y eternidades. Ahí fue donde caí en la cuenta de que mi máxima necesidad no era un cerebro repleto de datos, sino un corazón henchido de amor. Reparé en que el conocimiento me ayudaría a llenar sus mentes, pero cerebro nutrido y alma desnutrida no era un buen plan para mis alumnos. Me di cuenta de que hincar codos sin doblar rodillas no serviría de mucho. Fue así que, además de mi estantería ocupada, necesitaba ocupar mis almohadones de oración.

—¡Qué hermosa conclusión! —aplaudió.

—Siempre hablaba con Dios acerca de los hombres antes de hablarles a los hombres acerca de Dios —continué—. Nutría mi corazón de amor y luego vaciaba la copa sobre ellos, y enseguida volvía a llenarla en la intimidad de la oración. Bebía yo antes de calmar la sed de los demás, y volvía a zambullirme en la fuente después de haberles dado de beber. Tomaba el pan recién cocido en el horno del cielo, lo saboreaba, luego lo repartía... Iglesia y yo crecíamos al unísono, nutridos, alimentados... Porque es imposible llevar a otros a un punto al que uno no ha llegado; para auparles a la cima, no puedo hacerlo desde el pie de la montaña, debo tenderles la mano desde arriba...

—Pero para estar en la cumbre hay que saber estar abajo —reflexionó Andrés—. Antes de alcanzar altura hay que ganar en profundidad, porque el mayor peligro de una iglesia es tener líderes con kilómetros de influencia y centímetros de profundidad —advirtió mi mentor—. Para ser alzado por la mano de Dios hay que estar a sus pies primero. Cuando Dios llama a una persona, lo primero que le pide es que muera y después obra una magnífica resurrección.

—Es totalmente cierto —admití—, y era ese tiempo a sus pies lo que me quebrantaba y reconstruía; lo que me hacía morir y luego me resucitaba transformado. Eran largos minutos en oración, a menudo silenciosa, una sagrada contemplación en la que veía, casi de modo tangible, la grandeza de Dios. El tiempo pasaba sin apenas sentirlo, hasta que la voz de mi esposa rompía la seda del silencio: «Es hora de comer, cariño».

—Esa —asintió firmemente con la cabeza—, esa es la posición que nos corresponde. Solo cuando somos quebrantados por Él, podemos quebrantar con Él.

—Pero terminé descuidando ese tiempo. No fue de golpe, sino un olvido progresivo. Fui prolongando la distancia entre cita y cita. Postergando el encuentro. Siempre había algo más urgente que hacer.

—Más urgente tal vez —repuso—, pero no más importante.

—Y ocurría que, a medida que dejaba de acudir, me iba pareciendo menos necesario hacerlo. Disminuía la frecuencia y mermaba la necesidad. Lo extrañaba menos y menos acudía, y menos lo añoraba y menos acudía... Un bucle mortal para mi vida espiritual.

—Y para tu ministerio —advirtió mi maestro—. Ninguna relación muere a causa de un alud —parecía recitarlo—, sino por un lento proceso de congelación.

—Lo ha descrito de manera perfecta: me enfoqué en los resultados descuidando la fuente que los proporcionaba. Comencé a valorar los números, y no tanto al Divino Matemático. La producción tomó el lugar de la comunión... La actividad mató a la intimidad. Todo me iba tan bien que, inconscientemente, descuidé la auténtica fuente de recursos —señalé al cielo.

—El éxito es necesario —afirmó Andrés en tono reflexivo—, pero es más peligroso y nocivo que el fracaso. Los éxitos estimulan, los fracasos enseñan. Entiéndeme, no digo que triunfar sea malo, ¡en absoluto! Si el triunfo se digiere bien, no hay problema en ingerirlo. Es la mala digestión del éxito lo que intoxica.

Se le habían deslizado, desde las piernas al suelo, la Biblia y su conocida libreta donde de vez en cuando anotaba frases. Los recogió y los puso en la mesita, junto a la bandeja de galletas que poco antes, entrando en silencio para no interrumpir mi discurso, había depositado Querit.

—El sentimiento de suficiencia es como un depredador que nos aísla —prosiguió—. De lo primero que nos aparta es del lugar y del tiempo de la cita con Dios; trabaja con la golosina de más compromisos, y estos cada vez más grandes. Actividades atractivas y bien remuneradas. El éxito es gratificante, pero muy celoso, reclama toda la atención. En la cima es frecuente que dejemos de conectar con la línea del cielo y dediquemos ese tiempo a las redes sociales y al teléfono. Antes queríamos saber con urgencia qué tenía que decirnos Dios, ahora volamos para saber qué nos dicen los demás... O peor aún: para saber qué dicen de nosotros los demás. Antes suspirábamos por las notificaciones del cielo; ahora, por las de redes sociales. Después de separarnos de Dios nos aparta de nuestros compañeros de batalla, pues no tenemos tiempo para recurrir a ellos, y finalmente nos aleja de esos mentores a los que antes buscábamos. Por un lado, no vemos ya la necesidad, y por el otro, disminuye la oportunidad. Lo que antes era un requisito ineludible, ahora resulta una piedra en el camino y una injerencia en la agenda. El triunfo mal asimilado se convierte en atajo a la soledad, a la independencia y, finalmente, al barranco.

Hecho ese profundo análisis guardó silencio, mientras tomaba la jarra con jugo de naranja, rellenaba mi vaso y, después, el suyo. Sus palabras eran una clara y firme exhortación. Una reprimenda sin ambages, pero hablaba en términos llenos de amor y de paz.

Si el amor tiene un idioma, él lo estaba utilizando.

El discurso de Andrés obró de manera fulminante. Notaba mi garganta seca, por lo que tomé mi vaso y bebí un sorbo de jugo antes de reanudar mi relato: la crónica de mi declive:

—Ese éxito mal digerido al que usted alude me había herido de muerte —reconocí—: los aplausos me sedujeron más que el clamor y las luces, más que el recogimiento de la oración. Al mirar al púlpito desde el que hablaría, comencé a ver más un escenario que un altar y pasé de predicador a expositor; de ministro, a conferenciante. Luego, con las defensas espirituales bajo mínimos, ocurrió lo que usted ya sabe. La consecuencia es que he perdido la pasión, la convicción y también la integridad. Desde entonces me siento desamparado, como si caminase desnudo por una calle que no es la mía —me di cuenta de que lo estaba mirando con ojos suplicantes—. No estoy del todo seguro... No puedo asegurarlo del todo... pero creo que también he perdido la fe —me fue imposible seguir hablando con sus ojos en los míos. Por eso agaché la cabeza para decir—: hoy me vendría muy bien saber que allí arriba alguien me oye, que alguien me atiende, que alguien me mira —no pude evitarlo, un sollozo surgió de mi garganta y sin previo aviso mis ojos se encharcaron.

Con su mano en mi mentón, me hizo alzar la cabeza. Fue elocuente la manera en que la mirada de Andrés también se había aguado. Mantuvo sus ojos en los míos, pero no había en ellos ápice de juicio, ni siquiera reproche. Solo vi misericordia y compasión en dosis gigantescas.

Fue cosa de segundos que, ante aquellos ojos anegados, recordase las palabras de un anciano a quien una familia de la iglesia ingresó en una residencia y una tarde fui a visitar. Recuerdo su mirada de cristal a causa de la catarata, mientras me decía: «Lo más definitivo de nosotros los viejos no es la edad. No es la edad, claro que no —negó con la cabeza—. Lo definitivo es que ya no sentimos compasión por nadie. Si alguien la siente, es que no ha envejecido del todo. Cuando hemos envejecido, lo que le sucede a los otros nos parece una nadería en comparación con lo nuestro».

Y pensé ahora, mirándolo, que yo había conocido a jóvenes terriblemente envejecidos, secos de compasión, pero que frente a mí tenía un cuerpo desgastado que envolvía un alma lozana, viva y chorreante de misericordia.

—Escucha, hijo —la voz de Andrés me hizo regresar del recuerdo—: recibí la cruda noticia de que Darrin Patrick, pastor de enseñanza en la megaiglesia de Seacoast en Mount Pleasant, Carolina del Sur, murió a la edad de 49 años.

—Lo lamento —dije con sinceridad, pero sin acabar de entender qué relación tendría ese deceso con nuestra conversación.

—¿Sabes cuál fue la causa de la muerte de ese joven pastor?

Negué con la cabeza. Desconocía quién era el pastor Patrick y, por lo tanto, ignoraba todo lo que tuviera que ver con su vida y su temprana muerte.

—Suicidio —su voz fue apenas un murmullo, pero la palabra sonó como la detonación de una pistola.

—¿Se suicidó? —no daba crédito al aciago comunicado.

—Se quitó la vida con solo 49 años —ratificó mi maestro—. Pero no es un hecho aislado; se trata del último de una lista que ya supera los diez, en apenas un par de años —tras un breve silencio, añadió datos a la historia—: Patrick había declarado en una entrevista poco antes de su suicidio: «Yo formaba parte de un grupo de pastores jóvenes que de pronto se convirtieron en celebridades, publicando libros, dando conferencias, adquiriendo mucha fama y dinero con muy poca madurez espiritual. Esa es una receta para el desastre», confesó. «Estaba gastando una gran cantidad de energía creando y sosteniendo mi imagen, en lugar de cuidar mi alma. Yo quería influenciar a muchas personas con el evangelio, para eso tenía que ser conocido en las redes sociales, dar conferencias y todo eso. Me concentré en eso, me alejé de mis amigos y me aislé. Fue el principio del fin».

—¡Dios mío! —quedé estremecido—. Se me eriza la piel…

—Por supuesto que la popularidad y el mantenimiento de la imagen no fue el único motivo de un final tan espantoso, pero necesitamos desesperadamente el refugio de la presencia de Dios. Si logras amarle a Él —su voz, húmeda por la emoción, me sacó de mis pensamientos—, si lo amas, todo acudirá a la cita. Todo lo perdido y mucho más regresará en Su Abrazo.

Me miró fijamente e hizo una dilatada pausa mucho más orientada a que yo reflexionase en lo que acababa de escuchar que a pensar en lo siguiente que quería decirme. Tras varios segundos concluyó:

—Hay que descubrirle poco a poco, dejándose llevar; adentrándose paso a paso en su inmensa majestad. Eso requiere sosiego, calma, paradas e intervalos en la actividad. Precisa de tiempo en la quietud. Es la forma de descubrir a Dios.

—¿Cree que de ese modo recuperaré el deseo de servir y ayudar?

—Descubrirle es la necesidad más acuciante —insistió como si no hubiera escuchado mi pregunta—. Servir a la gente sin Dios es algo que daña el corazón y seca la boca. Es igual que masticar un estropajo: llega a estragarte todo y a parecerte duro y sin vida lo que haces.

—Tal vez esa es la razón de que haya perdido el entusiasmo.

—La forma en la que uno puede mantenerse entusiasta por toda la vida se encuentra en la propia palabra «entusiasmo»: viene de la expresión griega *en theos* —siguiendo su costumbre pedagógica había tomado una hoja de papel para explicármelo de manera más gráfica—. *En* es la palabra griega para la preposición en español «en», que viene a significar «dentro de», y *theos* es la palabra griega para «Dios», así que *en theos* significa «estar en Dios». De ahí se deriva nuestro vocablo «entusiasmo», porque cuando estamos en Dios surgimos entusiasmados. ¿Comprendes ahora por qué te digo que lo más importante es descubrirle a Él?

Sin previo aviso, Andrés cerró sus ojos y levantó una oración, entendí que de ese modo ponía cierre a nuestro encuentro de ese día. No recuerdo haber escuchado en toda mi vida una plegaria tan bella. Primero agradeció por el don de la vida y por el de nuestra amistad. Después pidió por Rebeca y por mí. Oró como si ella y yo fuésemos uno; como si nunca hubiéramos dejado de serlo. Habló de nuestro difícil presente, y luego, con pincel de palabras empapado en tinta de fe, dibujó para ambos un maravilloso futuro.

Una paz dulce y reconfortante me arropó como una sábana de seda.

Cuando dijo «Amén», yo deseé que ese tiempo de oración se hubiera prolongado más.

—No olvides tomar el plato de galletas que Querit preparó para que lleves a casa —me dijo.

—Para comerlo junto a Rebeca —ironicé.

—¡Quién sabe! —comentó.

Sonrió poniendo su mano derecha sobre mi hombro mientras con la izquierda me indicaba el camino a la puerta.

—Ya verás cómo todo se arregla —me dijo—. Intenta descansar esta noche; las cosas se ven mejor cuando uno ha descansado. Ya sabes, la fisiología afecta a la psicología.

Asentí de nuevo y comencé a alejarme.

—Te noto muy débil —me dijo cuando hube dado un par de pasos, y su voz sonó preocupada—. No te ofrecí nada de comer, ¿crees que necesitas cenar?

Negué con la cabeza, con la misma cabeza que me recordaba que desde la mañana no había comido nada, excepto un poco de ensalada.

El camino de regreso lo hice muy lentamente, pues sospechaba que nadie en casa aguardaba mi regreso. Una idea, que en realidad era un anhelo, ocupaba mi mente y se tradujo en oración:

—Que pueda vivir con ella noches hermosas como esta. Te lo suplico, Dios; y que vivamos también días radiantes... juntos...

El batir de alas a mi espalda me sobresaltó. Al girarme vi a la paloma de blanco purísimo que levantaba el vuelo desde la rama de un fresno y venía hacia mí. Tan cerca pasó que pude sentir en mi rostro el aire de su batir de alas; a la vez, una paz tan repentina como perceptible acarició mi mente y sedó mis pensamientos.

QUIEN PROVOCA LLUVIA
NO DEBE EXTRAÑARSE DEL BARRO

No hubo sorpresas a mi llegada. La casa estaba tan vacía como la dejé.

Aunque no tenía apetito, me forcé a comer algo, pues sabía que necesitaba tener fuerzas para los próximos días. Al mediodía había almorzado ensalada, pero era eso lo único que también ahora se me antojaba; lavé unas hojas de lechuga, un tomate y una zanahoria. Cuando lo hube picado en pequeños pedazos, añadí aguacate y como proteína incorporé atún. Lo regué todo con un generoso chorro de aceite de oliva y el toque justo de crema de vinagre balsámico. A la atractiva mezcla de colores se sumó el delicioso aroma que terminó por abrirme el apetito.

Decidí tomarlo en la misma mesa de la cocina viendo las noticias. Al escuchar la familiar voz del locutor de televisión, reparé en que, sumando mi viaje y los acontecimientos a mi llegada, hacía casi tres semanas que estaba desconectado de la realidad social de mi país. Seguramente, impregnarme un poco de ello me ayudaría a salir del ensimismamiento en el que estaba sumido.

Inevitablemente el informativo se vio interrumpido enseguida por un interminable tiempo de anuncios publicitarios, pero al menos el dinamismo de las imágenes y el veloz cambio de argumentos me entretuvieron. Fue un atractivo comercial de la Telefónica lo que me hizo recordar que al llegar a casa de Andrés había quitado el sonido a mi teléfono y aún no lo había conectado, así que lo tomé para revisarlo. Había múltiples correos electrónicos relativos a los congresos pasados y a los eventos futuros; también, muchas notificaciones de las redes sociales, pero lo ignoré todo y solo revisé los WhatsApp: diversos mensajes de mi equipo de colaboradores deseándome una pronta mejoría y saludos de mis padres pidiéndome que les dijera si había regresado bien de mi último viaje. Nada de especial relevancia, hasta que al llegar a la última notificación observé que la remitente era Marisa. Leer el nombre y experimentar un vuelco en mi estómago fue todo uno.

—¿Marisa, la amiga de Rebeca? —pensé en voz alta—. Hace años que no recibo un mensaje suyo... Aunque, de inmediato, recordé que fue ella quien buscó a Rebeca el día que había decidido irse de casa. ¿Le habría ocurrido algo a Rebeca?

Lo que Marisa había enviado era una nota de audio con una duración de veinte segundos.

Siempre he somatizado la sobrecarga de tensión con un ligero temblor en mis manos. En mis conferencias paso los primeros cinco minutos agarrado al atril para evitar que mi nerviosismo sea tan evidente. Solo cuando empiezo a familiarizarme con el auditorio comienzo a gesticular. Así que con pulso trémulo pulsé el botón para reproducir la nota de voz.

Desde la primera palabra aquel audio denotaba el enfado de Marisa y a medida que hablaba su exasperación iba en aumento: «El mundo sabrá que eres un fraude y un hipócrita. Yo misma me encargaré de quitarte la careta ante todos los que mantienes engañados con el cuento de ser un ministro de Dios. Todos deben saberlo y me ocuparé de ello. Pronto tendrás noticias que te harán llorar tanto como has hecho llorar a Rebeca».

Cuando concluyó, mi mano temblaba de tal modo que el teléfono cayó sobre la mesa y a punto estuvo de precipitarse dentro del bol de la ensalada.

Recordé la mirada furibunda de Marisa cuando esperó a Rebeca en la puerta de casa.

Terror... No encuentro otra palabra que defina mejor lo que sentí en ese momento. Aquella voz me heló la sangre.

Un sudor frío cubrió mi frente mientras mi corazón latía con tanta fuerza que casi podía sentir oscilar la tela de mi camisa. La cadencia de Marisa al modular su comunicado, el tono que empleó... Odio y rencor, las dos emociones más tóxicas que existen, impregnaban su mensaje con dosis gigantescas. Me levanté de la silla y recorrí la cocina de un lado y a otro como un león enjaulado. Un sentimiento de urgencia se sumó a mi estado de alarma. Pensé en llamar a Marisa y suplicarle; también barajé la opción de hablar con Rebeca; me costaba creer que ella estuviese de acuerdo con que algo así se divulgase.

Una fuerte presión en mi pecho y dificultad para respirar me alarmaron. No temí un problema coronario, pero sí una crisis de pánico. Aguardé varios minutos, pero viendo que los síntomas no cedían no me quedó más alternativa que recurrir a una pastilla tranquilizante. Solo las había tomado durante un tiempo en mi vida, en la crisis más severa que vivió la iglesia y hasta que Andrés me enseñó a canalizar la tensión. Ahora, sin embargo, el pánico iba adueñándose de mí, por lo que una vez hube tomado la pastilla, acudí a mi rincón de oración. Todo fue silencio al principio; no sabía cómo orar, pues los temores me hacían ver a Dios adversario y confabulando en mi contra para exponerme desnudo ante el mundo. Fue tras varios minutos de agonía emocional cuando recordé las palabras de Andrés: «Dios te ha perdonado... Dios te ha perdonado... Debes perdonarte tú...».

Las lágrimas brotaron a raudales; se me hace difícil calcular cuánto tiempo lloré, pues no logro medirlo en minutos, sino en sensaciones; a medida que vertía mi llanto, percibía que mi peso se aliviaba, era como si con cada lágrima fluyese una parte de la losa de culpa que me aplastaba. Creo que grité —aunque no estoy del todo seguro—: «¡Me rindo! ¡Claudico ante ti! ¡Te entrego mi vida y mi ministerio!». No sé si fue con palabras o solo chillé en mi pensamiento, pero abandoné la lucha y me deshice de todo título de propiedad.

Se hará difícil de admitir, lo comprendo, pero creo que ayudado por el tranquilizante dormí y en ese sueño que tuve, o que a mí me tuvo, vi —lo describo de la manera más literal posible— de forma gráfica, palpable y tangible, una cruz que se alzaba a varios metros. Fue tal la impresión que aquella cruz me produjo que me postré, caí rendido hasta quedar casi tumbado en el suelo. Una sensación sedante, no instantánea sino progresiva, me fue envolviendo. Lo siguiente que pude ver —o tal vez solo percibir— fue que alguien me tomaba en sus brazos. Junto a él yo era pequeño, tan inmensamente pequeño como grande era quien me transportaba con inefable cariño.

Recuerdo que hacía calor, o al menos yo lo sentía. Aquel ser se sentó en el suelo y, con su espalda recostada sobre el madero, buscó que la sombra de la cruz me amparase, enjugó mis lágrimas y me abrazó.

Desperté entonces —o volví en mí si es que no quedé dormido— y noté que la ansiedad se había diluido en vapores de paz. Estoy seguro de que esa tranquilidad no tenía nada que ver con fármacos, sino con algo muy superior. Intento buscar el vocablo que mejor defina mi sensación, pero no encuentro uno que lo concentre: sosiego, calma, quietud...

Mi situación no había cambiado, pero yo sí.

Frente a mí, seguía intacto el problema, pero me sentí arropado, protegido, resguardado a la sombra de la cruz.

Constatando que mis emociones estaban bajo control, marqué el número de Andrés.

Respondió al tercer tono de llamada y escuchó atento y en silencio la crónica de los últimos acontecimientos, en los que me centré en las amenazas de Marisa. No hubo exclamaciones de asombro, ni muestras de gran preocupación; tampoco palabras de condolencia. Juraría que Andrés esperaba que los acontecimientos tomasen ese rumbo y estaba preparado para ello.

Cuando hube concluido mi relato, del que omití mi experiencia con la Cruz, mantuvo aún por largo tiempo su silencio reflexivo.

—Tuve mucho miedo, Andrés —le informé, como queriendo provocar en él alguna reacción—. Me dio terror... Sí, ya sé que son consecuencias lógicas de mis actos, pero esa voz me intimidó... No es lo que me dijo, sino cómo lo dijo... Me heló la sangre.

—Escucha, hijo —me dijo finalmente—, voy a hacerte una pregunta y te pido que respondas con toda franqueza —insistió—: necesito sinceridad en tu respuesta. ¿Qué es lo que más te preocupa de que se conozca ese episodio de tu vida?

Poco tiempo atrás no habría precisado ni un segundo para responder que mi terror era ver mi imagen quebrarse ante el mundo como si fuera cristal; que mi reputación se hiciera astillas.

Pero eso era antes.

Entre aquel momento y el instante presente, mediaba un sueño —o ensoñación, o lo que quiera que fuese la experiencia vivida— que tenía forma de Cruz. Por eso no respondí de inmediato, sino que tomé cerca de un minuto para reflexionar. Miré dentro de mí, rebusqué entre las sombras de temor que tuve y la sombra de la Cruz que me arropó. Finalmente respondí:

—Créame, Andrés, lo que de verdad me preocupa es la decepción, la tristeza y el dolor que esto va a provocar en las personas...

—¿Te refieres a tu familia? ¿Tus padres, tus hermanos...?

—No solo a ellos, aunque por supuesto que también; hablo de quienes se congregan en la iglesia y me dieron el privilegio de pastorearles. Me refiero también a los miles que me han escuchado en diferentes lugares y que con base en mis consejos tomaron decisiones y emprendieron caminos... Se sentirán estafados, heridos en su fe, tal vez algunos abandonen... Eso es lo que me preocupa. Eso es lo que me entristece hasta las lágrimas.

—¿No temes la posición que adoptarán los *haters,* se dice así? Me refiero a los fanáticos justicieros —explicó—. Toda persona con cierto grado de popularidad no suma solo adeptos, también gana detractores que se frotan las manos cuando el líder cae.

—No sería honesto si le ocultase que mi primer miedo fue ese —reconocí—. Más que miedo fue terror. Pero cuando sentí el perdón de Dios —decidí mostrarle algunas pinceladas del cuadro que me había llenado de paz—, vi una cruz —y corregí—, vi la Cruz, y a un ser indescriptible, todo paz y amor, que me acercó a ella y me abrazaba... Cuando me supe cobijado en la Cruz... Todo cambió. No le diré que me es indiferente lo que piensen o digan. ¡Claro que me inquieta! Pero no es ya por mí, sino por el efecto que eso tenga en la iglesia.

De nuevo un prolongado silencio en la línea telefónica, en el que supuse que Andrés sonreía. Entonces, cuando menos lo esperaba retornó con una pregunta muy directa: —Hijo, ¿estás preparado para que nunca vuelvan a confiar en ti y debas entregar definitivamente tu ministerio?

—Ya lo entregué —respondí de inmediato—. Lo puse al pie de la Cruz. Volver a predicar o no hacerlo es algo que no me inquieta. Lo que me urge es conservar la paz con Dios y recuperar la paz con Rebeca y su confianza nuevamente... Eso es lo único acuciante.

—Es un buen punto de partida —noté complacencia en su voz—. Pocas cosas me entristecen tanto como la actitud de quienes, tras una caída moral, quieren poner fecha, y lo más temprana posible, a la recuperación de sus credenciales y la restitución de sus posiciones de autoridad, eso sí es preocupante —negó con la cabeza—. Tú lo has dicho: no es importante cuándo volverás a predicar o si volverás a hacerlo. Lo realmente crítico es volver a mirar a los ojos de Dios y a los de tu esposa sintiendo que la paz fluye —calló un momento tras el que afirmó—: haces bien en dar la importancia justa a los comentarios que puedan surgir, y créeme que surgirán. Por eso, en nuestros encuentros anteriores, insistí tanto en que lo primero es que te sepas perdonado por Dios. Ese será tu baluarte cuando la acusación te abrume. Lo que pasó ya no podemos remediarlo, pero recuerda que tu automóvil tiene un parabrisas muy grande y un retrovisor muy pequeño, para recordarte que lo que te espera por delante es mucho más interesante que lo que quedó atrás. Sé íntegro y recuerda que serlo es hacer lo que sabes que es correcto, aunque nadie te esté mirando; y no te preocupes demasiado del qué dirán. Cuando desde la integridad florezcas, comprobarás que el árbol más cargado de fruto siempre recibe más piedras.

—Estoy preparado para enfrentar lo que venga —dije con resolución— y sé que si Marisa cumple su amenaza, la tormenta será de grandes dimensiones... Pero yo provoqué la lluvia y debo admitir el barro.

—Guarécete en Él en medio del temporal —me recomendó—. ¿Recuerdas al rey David cuando el profeta Gad le confrontó de parte de Dios? Deja que te lo lea, tengo por aquí la Biblia —tras una breve pausa le escuché que leía—: *¡Estoy en una situación desesperada! —le respondió David a Gad—. Mejor que caiga en las manos del Señor, porque su misericordia es grande, y que no caiga yo en manos humanas*[27] —oí el sonido de la Biblia al cerrarse—. Fíjate, hijo, David pidió caer en manos

---

[27] 2 Samuel 24:14

de Dios antes que en manos de los hombres, porque sabía que nosotros podemos ser terriblemente despiadados en nuestro juicio para con el que cae —respiró hondo para continuar—. Por desgracia sigue habiendo talibanes del Evangelio; profetas de juicio que actúan secos de misericordia; radicales e intolerantes que desconocen la Gracia y hacen astillas al árbol caído. Dios nos ayude a recordar lo que dijo el poeta bilbaíno Blas de Otero: «Todos somos ángeles fieramente humanos». Dios nos ayude a recordar también lo que Él mismo dice en su Palabra: *Cuando el hombre cayere, no quedará postrado, porque Dios sostiene su mano*[28]. Fíjate que el salmo no dice «si el hombre cayere», sino que dice «cuando cayere». Todos caeremos alguna vez; es cuestión de tiempo. Unos caen en una cosa y otros, en otra diferente. Pero para todos hay una mano tendida a la distancia del arrepentimiento —se detuvo un instante, como valorando la siguiente frase—, porque todos somos candidatos a caer es que debemos impregnar nuestras vidas y nuestras palabras en ese néctar de la Gracia. Todos valemos mucho más que el peor error que hayamos cometido, y así nos ve la Gracia de Dios. El auténtico valor de una vida no debe medirse por un éxito puntual ni por un fracaso aislado, sino por una trayectoria. Dios escribe sentencias nuevas y gloriosas sobre la hoja de nuestro arrepentimiento.

—Gracias, Andrés —le dije—. No sé cómo podría soportar todo esto sin su ayuda.

—Recuérdalo, hijo: no podemos cambiar el pasado, pero podemos trabajar con el presente para tener un mejor futuro —tras una brevísima pausa me propuso—: hoy estaré todo el día trabajando con el mensaje que predicaré el domingo, pero si lo deseas, ven por aquí a la caída de la tarde. Podremos hablar y orar juntos.

---

[28] Salmo 37:24

EL CUIDADO DEL LÍDER

Pasé el día esperando ese encuentro; lo necesitaba. En cuanto la tarde comenzó a declinar, me dirigí a casa de mi maestro.

Querit y Andrés me recibieron con grandes dosis de simpatía. Conocedora ella también de las últimas heridas en mi batalla, se esmeró por mostrar su comprensión y cariño:

—¿Qué te apetece tomar, David? —me ofreció enseguida—. ¿Quieres algún té?

—Se lo agradezco mucho —acepté—. Su esposo me puso el otro día una infusión relajante; creo que me vendría muy bien.

—Ya sé a cuál te refieres —sonrió—; muy buena elección. Vendré enseguida— se excusó para abandonar la sala en la que nos habíamos sentado.

—Analizaba nuestra conversación de esta mañana —comenzó Andrés sin más preámbulos—, y cada vez estoy más convencido de que el común de las personas idealizamos a los pastores y a nuestros líderes y maestros. Por esa causa no los cuidamos. Nos nutrimos de ellos, pero damos por sentado que ellos no nos necesitan. Es más, ¡creemos que lo tienen todo y hasta envidiamos sus vidas! Pero es una errónea fantasía —meció su cabeza a derecha e izquierda, lentamente, como meditando—. Incluso en tiempos de bonanza y bienestar, el trabajo ministerial es extremadamente demandante y agotador. Trabajar con personas y cuidar de su salud emocional y espiritual es tan agobiante como lo es para un doctor cuidar la salud física de sus pacientes. Doctores y pastores siempre han estado en la primera línea de la batalla por la salud de la gente, física y espiritual, emocional y mental. Algunas personas creen que por ser un «llamado» es algo romántico y fácil de realizar, pero eso no lo hace más fácil. No le resta el peso y la carga de responsabilidad que tiene.

Hay muchas personas, aun dentro de las iglesias, que hacen *bullying* respecto del trabajo del pastor...

—¿*Bullying*? —no estaba seguro de entenderlo bien.

Querit había llegado y Andrés retiró libros y papeles de la mesa para hacer espacio donde poner las infusiones.

—Gracias, cariño —le dijo Andrés tomando la mano de ella y besándola.

—Gracias, Querit —dije yo también—. Es delicioso el aroma de este té.

—El té blanco Luz de Luna Violeta Salvaje es de mis preferidos —afirmó—. No solo el aroma, también el sabor es delicioso. Bueno —hizo intención de dirigirse a la puerta—, os dejo seguir con vuestra conversación.

—¿Por qué no nos acompaña? —le propuse—, por mi parte no hay ningún inconveniente en que se quede, por el contrario.

—Me parece magnífico —ratificó Andrés—. Esta mujer es el mayor regalo que Dios me hizo después de la salvación. Cada día me sorprende su sabiduría.

—Pues muchas gracias, caballeros —tomó asiento Querit con una sonrisa—. Será un placer acompañarles.

—¿Por dónde íbamos? —Andrés se rascó la sien derecha, como despertando a la memoria.

—Me resultaba difícil encajar el concepto de *bullying* al trabajo del pastor —le recordé.

—Sí, comprendo que resulte extraño —afirmó—, pero dime, ¿cómo podemos definir a la actitud que muchos adoptan frente a la labor que realiza el pastor? Lo subestiman, lo ignoran, lo critican y lo juzgan. Somos el único ejército que, en lugar de atacar al enemigo, ataca al líder. Claro, los pastores están entrenados para recordarse a sí mismo cada día que «trabajamos para el Señor». Mientras tanto, acumulan frustración y desencanto por la indiferencia y la falta de apoyo, por la sobrecarga de trabajo y las altas demandas. Es una olla a presión. «Que se busque otro trabajo. Si no lo soporta, será porque no es llamado. Que se dedique a otra cosa», se excusan los talibanes de siempre.

Era la segunda vez que Andrés usaba la expresión «talibán» para referirse a los detractores más radicales, lo que me llevó a suponer que mi maestro había sido tratado injustamente más de una vez, o tal vez había acompañado a más de uno que cayó abatido por fuego amigo. Sin embargo, me admiraba que las palabras no surgían de sus labios cargadas de acritud o rencor. Hablaba con suma claridad y firmeza, eso sí, pero no como quien desea el mal del verdugo, sino como quien siente una inmensa pena por el que es injustamente ajusticiado.

—La olla a presión suele explotar en el momento menos deseado. En algunos casos el pastor se deprime y abandona; en otros, se refugia en el alcohol o en drogas tranquilizantes; en ocasiones —se detuvo un instante, como ponderando si debía pronunciar las palabras que estaban tras la compuerta de sus labios, finalmente las pronunció—, en ocasiones recurren al suicidio —cerró los ojos, como queriendo apartar alguna imagen—. Claro que ningún miembro de iglesia se imagina que su pastor acabará muerto. ¿Quién va a pensar que su líder y padre espiritual cometerá suicidio? Pero si supieran que el enemigo puede tener el nombre de su pastor en la lista de ese macabro proyecto... Si supieran que podrían sacarlo de esa lista simplemente mostrándole amor, orando por él, saludándolo con afecto, dándole unas palabras de ánimo, ayudándolo sin que nos lo pida, protegiendo a la familia pastoral. Es decir, amando genuinamente.

—A veces es el pastor quien se aísla —no sé la razón, pero salí en defensas de los congregantes— y hace difícil que las personas le muestren ese aprecio...

—La iglesia debería impedir que el pastor se aísle —interrumpió con determinación—. Deberían evitar que se quede sin amigos, que se vuelva adicto al trabajo. No digo que lo suban al pedestal de la fama, pero sí que lo honren como se merece.

Querit había asentido con la cabeza todo el rato, reforzando el discurso de su marido. Cuando este hubo acabado, ella consideró que era importante poner un punto de equilibrio:

—Es verdad que la iglesia debe cuidar a sus pastores y líderes, pero ellos también deben protegerse. Quien ha sido llamado por Dios debe cuidarse. No podemos permitirnos todo. En la negación hay bendición —tomó la Biblia de Andrés y localizó un texto que enseguida leyó—: *«Todo está permitido», pero no todo es provechoso. «Todo está permitido», pero no todo es constructivo*[29]. Creo que estas palabras de Pablo deben ser muy tenidas en cuenta por quienes estamos en posiciones de liderazgo: hay cosas que no son malas ni tampoco buenas, son moralmente neutras. Para tomar una decisión acertada con respecto a ellas, debo ir a un estándar más alto y preguntarme: «¿Esto que voy a hacer me hará mejor persona?»

Andrés había asistido con gran complacencia al elocuente discurso de Querit y quiso reforzarlo, a la vez que mostraba su conformidad con asentimientos de cabeza:

—Es una gran verdad lo que has dicho —afirmó—, Jesús no embaucó con promesas de bienestar constante. Su llamada es siempre una invitación subversiva y revolucionaria: *Toma tu cruz y sígueme*. Casi nada para el cuerpo —dijo riendo—. La cruz: una locura, un escándalo, un martirio; pero una vez que la tomamos escuchamos que Él nos dice: «Esa cruz la llevaremos a medias, amor mío». Efectivamente, se pone a nuestro lado, y Su presencia es un incendio, un fuego que extraña por su suavidad, que sorprende por su delicadeza, que admira

---

29 1 Corintios 10:23 NVI

por su discreción, que asombra por su paz; pero que, a pesar de ello, es el más grande y devastador de los fuegos y el que da mayor luz.

Siguió un momento de silencio durante el que creo que todos reflexionábamos en lo mucho y muy bueno que habíamos escuchado.

—¿Sabes, hijo? —fue Andrés quien quebró el vidrio de silencio que se había establecido entre nosotros, y lo hizo con un argumento de gran peso—. Para cuidar nuestra vida y alejarnos de todo aquello que puede perjudicar al ministro y al ministerio, no hay nada como vivir cerca de Él. Su proximidad confiere a cada cosa su verdadero tamaño y la dimensión justa —en sus palabras se conjugaban la trascendencia y la relevancia. Hablaba de asuntos espirituales, pero de manera cercana y asequible—. Convertirse en un siervo usado por el Rey no es algo que se consiga de pronto, ni sin esfuerzo; es el resultado de una dedicación intensa y un trabajo larguísimo. Muy pocos lo concluyen. Por eso los púlpitos tienen más transpiración que unción y más gritos humanos que susurros divinos. La elocuencia que asombra es humana; la convicción que transforma es divina. Hablar bien es un talento; ser emisario del cielo es un don altísimo que se adquiere con la divisa de tiempo en oración.

Andrés volvió a recordarme ese principio tan valioso que me había enseñado. De nuevo el silencio se adueñó del espacio. Era mucho lo que tenía que meditar y en ese espacio de mutismo registraba en mi mente cada afirmación recibida. No quería perder ni una gota del néctar que se me estaba regalando.

—¿Has hablado con Rebeca de esto? —preguntó Querit, de pronto, en su habitual tono plácido y sereno.

—¿Perdón? —la pregunta me pilló desubicado.

—¿Hablaste con Rebeca del mensaje de su amiga? Las palabras de Marisa...

—Lo intenté —dije—, pero no contesta mis llamadas.

—¿Quieres que lo intente yo? —se ofreció—. Me gustaría quedar con ella y hablar. No se trata de esconder los hechos, pero no creo que ayude a nadie que todo eso se airee de manera descontrolada. Temo que Marisa está muy herida, y quien habla desde la herida siempre hiere. El que actúa desde la amargura solo consigue amargar a otros.

—Les agradezco tanto que estén a mi lado en esto. No puedo evitar sentirme como un apestado al que todos rehúyen —mi tendencia al victimismo pugnaba por tomar el control.

—David —la voz de Andrés exudaba sinceridad—, sé que Rebeca te ama, y no solo ella, tienes miles que te quieren, que buscan escucharte; que aman leerte...

—Es suficiente con que ella me quiera; me conformo con que me escuche ella... —casi lo susurré—. Decir palabras suaves en voz baja a un oído muy querido llena más que hablar elocuencias a miles. Ahora lo veo claro, ojalá me hubiese dado cuenta antes.

Acordamos que Querit intentaría reunirse con Rebeca y, si ella lo admitía, más tarde nos incorporaríamos Andrés y yo.

Andrés oró por mí antes de separarnos y se ofreció a llevarme en su automóvil, pero lo desestimé. Me marché preocupado y extraordinariamente abatido. Mi regreso a casa fue lento y lleno de desasosiego. El camino no era excesivamente largo, pero hacía viento y cada árbol se me antojaba un esqueleto que sacudía sus famélicos brazos contra mí.

A la oscuridad creciente fue sumándose un temor ascendente también; me embargó la convicción de que al día siguiente mi teléfono estaría saturado de mensajes acusatorios, despectivos y destructivos.

Poco antes, en la puerta y al despedirme, les pregunté:

—¿Qué puedo hacer? —no me resignaba a la idea de quedarme pasivo.

—Ora —me dijo Andrés de inmediato—. Encomienda tu causa al más alto tribunal —señaló al cielo—. Deja que Jesús sea tu abogado. La oración aquieta el alma en las circunstancias más adversas que podamos atravesar. Orar no es una habilidad, sino más bien es aprender a depositar nuestra confianza en las manos de Dios —y añadió—: cuando llegues a casa te sentirás de nuevo a la intemperie. Si la soledad abate sus espesas cortinas, búscalo. Él está de tu lado; hijo, convierte la soledad en un atajo a Su Presencia.

Fue en el último tramo, cuando el tejado de mi casa ya se recortaba en el horizonte, que escuché a mi acompañante de plumaje blanco batir sus alas a mi derecha y me acompañó hasta la puerta.

DEPENDIENTE, INDEPENDIENTE, INTERDEPENDIENTE

Las palabras de Andrés parecieron una premonición: apenas crucé el umbral y me enfrenté a todas las luces apagadas, la soledad, como si aguardase parapetada tras la puerta, cayó sobre mí como una manta de plomo.

Me enfoqué en las palabras de mi mentor: «Convierte la soledad en un atajo a Su Presencia», y recorrí toda la casa en actitud de oración, lo que supuso un baño de sosiego.

La última estancia a la que arribé fue la cocina y abrí el frigorífico con el ánimo de tomar algo antes de dormir, pero un malestar patente seguía pegado a mi estómago y me hacía difícil tragar ni siquiera líquido.

Me desvestí con pereza e intenté conciliar el sueño. Inútil. Con la cama vacía y a oscuras, la vaciedad pareció multiplicarse.

Me amedrentó escuchar tanto silencio, por lo que conecté el televisor y encendí la lámpara de la mesita de noche;

luego eché mano de la melatonina, el inductor del sueño que en ocasiones utilizo en mis viajes para combatir los estragos del cambio horario. Por fin, acunado por el murmullo de la voz del locutor y amparado en la tenue luz, logré dormirme.

Al abrir los ojos, todavía no había amanecido. El temporizador había desactivado el televisor, pero a mi lado derecho la lámpara seguía encendida. Quizá había soñado algo que no recordaba, pues un pesar íntimo me impedía sentir la alegría de estar vivo. Descorrí las cortinas y levanté las persianas. Contrariamente a lo que siempre me ocurre, noté una tristeza súbita al observar la luz alzarse detrás de los cristales y se me llenó la cara de lágrimas. Cuando acudí al baño, vi cristalizado el objeto de mi desazón: mi cepillo de dientes estaba solo en el vaso; junto a mi peine no estaba el suyo y mi frasco de loción parecía viudo sin la botellita con forma de zapato femenino que siempre estaba junto a él.

No era soledad lo que me ahogaba, eso lo habría tolerado, pues nunca me ha costado estar solo, al contrario, en el último tiempo Rebeca se quejaba de que me estaba aislando porque no me gustaba salir a comer fuera o quedar con amigos: «Tanto viajar te está convirtiendo en un ermitaño» —me decía—, y yo intentaba justificarme diciéndole que en los viajes siempre estaba rodeado de multitudes y que por eso necesitaba el recogimiento; pero ella tenía razón: codiciaba la soledad y buscaba el silencio de forma obsesiva.

No era eso lo que ahora sentía, sino algo muy distinto. No se parecía a la soledad; era desamparo y abandono.

Mientras cepillaba mis dientes, di gracias al cielo de que esa mañana también había quedado en verme con Andrés, aunque iría un poco más tarde porque él tenía varias diligencias que atender. Necesitaba su compañía tanto como sus consejos.

En la ducha subí la temperatura del agua todo lo que era capaz de soportar y activé el surtidor a máxima presión. Percibí un gran alivio cuando el chorro se estrelló con fuerza sobre mi cabeza; luego lo orienté a los hombros, sobre las escápulas, en la espalda... Me iba moviendo para ser rociado por todo el cuerpo. Buscaba que el calor y el agua arrastrasen ese «algo» oscuro que parecía cubrirme. Que se llevasen esa «cosa» extraña que pesaba sobre mí.

Quería volver a sentir paz; quería, pero no lo conseguía. Algo relajado y un poquito más despierto, fui a prepararme un café. Llené el depósito de agua de la cafetera y revisé los distintos tipos de café que tenía; siempre me ha gustado traer de los diferentes países que visito y casi tengo un sabor para cada ocasión y estado de ánimo. Mis ojos se posaron sobre la bolsa de *kopi luwak*, y de inmediato mi mente me jugó la mala pasada de llevarme al momento en que llegué a casa después de mi viaje a Indonesia, apenas ocho semanas atrás.

—¿*Kopi luwak*? —leyó Rebeca el empaque con gesto de extrañeza cuando deshacía mi equipaje—. Qué nombre tan raro para un café.

—Es el café más caro del mundo —le expliqué—. ¿Puedes imaginar lo que cuesta esa bolsita de doscientos cincuenta gramos que sostienes en la mano?

Me miró encogiéndose de hombros.

—No tengo la menor idea —dijo—. Yo sé que en el súper de aquí al lado compro una bolsa de café por menos de dos euros.

—Ese envase de un cuarto de kilo de *kopi luwak* que sostienes en tu mano cuesta novecientos euros.

Me miró con gesto de alarma; posó luego sus ojos en el empaque que sostenía y separando sus dedos índice y pulgar lo dejó caer al suelo.

—No puedo creerlo...

—Créelo —le dije asintiendo con la cabeza—. Y ahí no acaban las cosas; hay sibaritas y gourmet dispuestos a pagar entre setenta y cinco y noventa euros por una taza de este café en los pocos establecimientos que lo dispensan.

—¿Noventa euros por una taza? —replicó Rebeca abriendo sus ojos desmesuradamente—. ¿Y has gastado novecientos euros en este café? —no cerró la boca al concluir la pregunta.

—No dije que yo lo comprase —la tranquilicé—. En realidad, es un regalo que me hicieron; no me imagino pagando esa cantidad de dinero por un poco de café.

—Supongo que debe saber a gloria —dijo alzando de nuevo la bolsa y mirándola a contraluz, como si esperase encontrar diamantes en su interior.

—¿Qué te parece si lo probamos? —tomé el café de su mano y me dirigí a la cocina—. Me apetece una buena taza ahora mismo.

Diez minutos después, sentados a la mesa de la cocina, degustábamos aquel «oro negro».

—¡Qué olor tan delicioso! —Rebeca había aproximado la taza para disfrutar del aroma de aquel café recio y cremoso. Cerró sus ojos e inhaló el vapor—. ¡Huele de maravilla! Buscaré el azucarero —dijo incorporándose de la silla.

—Te sugiero que no le añadas azúcar para alterar lo menos posible su sabor —le recomendé—. Me dijeron que este café ya sabe dulce.

—Mmmmm —humedeció sus labios en la bebida y volvió a cerrar sus ojos para paladear con la máxima concentración el pequeño sorbo de café que había tomado—. Reconozco que sabe buenísimo. Tienes razón, sin añadir un grano de azúcar sabe dulce; pero sigo pensando que el precio no está justificado.

—Estoy de acuerdo contigo —reconocí—. Sin embargo, tiene una explicación: solo se fabrican quinientos kilos al año y, al ser tan escaso, es normal que su precio sea elevado. Además, tiene un proceso de fabricación muy peculiar que también lo hace costoso.

—¿Cómo lo fabrican? —quiso saber.

—Te lo explicaré cuando hayas terminado de beberlo.

Seguimos conversando relajadamente y bebiendo despacio, como siempre me ha gustado tomar el café: a sorbos cortos y espaciados.

—Bueno —dijo mostrándome la taza vacía—, terminé. ¿Me contarás cómo se fabrica este café con precio de diamante?

—Resulta que se obtiene moliendo los granos de café extraídos de las deposiciones de un animal, la civeta, llamada *luwak* en el idioma local de Indonesia —estaba utilizando las palabras más suaves y rebuscadas con el fin de camuflar un poco el origen de aquella bebida, pero no conseguí mi objetivo.

—¿Estás diciéndome que fabrican el café con los excrementos de un animal?— miró su taza vacía con gesto de repugnancia.

—Parece ser que los *luwak*, unos animalejos con un aspecto entre el gato y el zorro, tienen la habilidad de elegir los frutos del café cuando están en su punto óptimo de madurez y así van comiendo solamente los mejores. En el proceso de la digestión, las enzimas del aparato digestivo del *luwak* interaccionan con el café eliminando una gran parte de su amargor, por lo que el café, sin necesidad de añadirle azúcar, tiene el dulzor que pudiste comprobar y mantiene un gran aroma y un sabor intenso.

—Espera, espera —había tomado la bolsa de café para leer las especificaciones, pero al escuchar mi explicación lo soltó y miró su mano con gesto de aprensión, como esperando que estuviese sucia—. ¿He bebido un café fabricado con las heces de un animal que ni siquiera sabemos si es un gato o un zorro?

—Bueno —sonreí—, en rigor lo que has dicho es correcto. Claro que esos excrementos son sometidos a un proceso en que los limpian adecuadamente, y luego quitan la cáscara que recubre el grano de café...

Fue la primera y última vez que Rebeca probó el *kopi luwak*. A decir verdad, yo tampoco volví a tomarlo, no por el sabor, que me parecía delicioso, sino por el evento que aquel café traía a mi memoria: Rebeca no sabía, y nunca llegaría a saberlo, que ese carísimo obsequio me lo llevó Virginia a la habitación del hotel la ominosa y funesta noche de nuestro encuentro.

Ahora, aquel recuerdo hizo que el pequeño empaque de café pesase toneladas en mi mano derecha. Un ataque de debilidad y agotamiento extremo me sobrecogió; temiendo que fuera a desplomarme, tomé asiento en el taburete de la cocina y reviví con un realismo estremecedor el momento; parecí volver a escuchar el toque suave de los nudillos de Virginia en la puerta del cuarto que yo ocupaba en el hotel, y el temblor que me invadió cuando me aproximé a abrir. Mi mano parecía sufrir un parkinson fulminante mientras sostenía el picaporte de la puerta.

Ella acudió puntual a la cita: «A las ocho de la noche», le había dicho. Eran las ocho y un minuto cuando dio tres leves golpes anunciando su llegada.

Aquella tarde, mil veces me prometí a mí mismo que no la abriría. Había ensayado el discurso de despedida, la cadencia de las palabras y el tono de voz que emplearía.

Sin embargo, presa del pánico, mi decisión se diluyó cuando escuché que llamaba y, en un silencio cargado de oscuros presagios, abrí la puerta de par en par.

Su sonrisa seductora liquidó mi miedo y derribó las pocas defensas que me quedaban. Inmediatamente que vi aquellos labios entreabiertos, de color rojo, húmedo y brillante, supe que abrir había sido el error definitivo en una larga serie de equivocaciones... Era una gruesa cadena y no tenía fuerza para romperla.

El brillo de sus ojos y la forma melosa como articuló un «Buenas noches, querido», hizo el resto.

Ahora, sosteniendo aún el *kopi luwak*, resonaba en mi mente la sentencia que alguien me dijo mucho tiempo atrás: «Ningún éxito en la vida compensa del fracaso en la familia». Apreté con rabia el paquete de café, y sintiendo un incendio en mis entrañas arrojé con furia novecientos euros al cubo de la basura.

Fui a la sala y me dejé caer de rodillas sobre la alfombra. Apoyando mis brazos sobre el sillón intenté orar.

Caí entonces en la cuenta de que en las últimas horas me había arrodillado con más frecuencia que en los últimos tres años. Sin duda, esa había sido una de las causas de mi desplome. No solo Andrés, sino muchas otras personas de gran calado me habían advertido de lo esencial que era la comunión directa y frecuente con Dios: «Una impresionante actividad sin adecuada intimidad no produce cambios en la vida —me dijeron con insistencia—. Solo da la impresión de que suceden cosas, hay movimiento, pero eso no es sinónimo de vida. Actividad no es sinónimo de vitalidad, así como el movimiento no garantiza el avance. De hecho, la actividad es un magnífico disfraz para la falta de vida». Fuera de toda duda, las raíces de mi ministerio habían dejado de beber de esa fuente cristalina e inagotable de Su Gracia. En el último tiempo había alimentado sin ser alimentado y repartí agua mientras yo moría de sed; esa situación me había debilitado extraordinariamente.

Era la crónica de una muerte anunciada.

Debí mantenerme media hora arrodillado: «Convierte la soledad en un atajo a Su Presencia...». No en la intensidad que buscaba, pero una ligera paz arropó mis emociones.

192 CADÁVER DE IMPECABLE APARIENCIA

Mucho antes de lo necesario, me puse en camino a la casa de mi amigo. Prefería estar al aire libre donde la soledad no resultaba tan evidente. Al descubrirme a mí mismo avanzando por el campo con pasitos cortos de marcha claudicante, pensé en voz alta: «Dicen que avanzar con serenidad es mejor que cualquier atajo; caminar con mesura y prudencia es la forma más segura de llegar pronto».

Me cupo la duda de si mi lento deslizar de pies sobre la tierra sería serenidad o vejez. Sonreí al recordar la frase, no sé si la leí o alguien me la dijo: «Canas y dientes son accidentes, arrastrar los pies vejez ya es».

¿Podría ser que a mis cuarenta y tres años estuviese envejecido? Sin duda por dentro lo estaba, o al menos sentía intensamente que lo estaba. Comprobé de manera fehaciente que servir a Dios puede producir fatiga, pero servirlo con oscuros secretos en el corazón, lleva a una extenuación física y un agotamiento emocional que alcanza límites intolerables. El pecado no fatiga, sino que desgasta, carcome y destruye.

Mientras me acercaba a la casa de mi maestro, el sol iba imponiéndose y la luminosidad de la mañana me resultó terapéutica. El entorno salpicado de primavera me hizo recordar la frase de Rebeca: «La tierra se ríe con flores».

La añoraba... Añoraba su voz enumerando cada ave y compitiendo conmigo respecto al nombre de cada especie vegetal. Echaba en falta la manera en que ella agarraba mi brazo con sus dos manos cuando paseábamos por ese mismo camino que ahora yo recorría a solas.

A solas...

Es cierto, nunca temí la soledad ni tampoco ahora me suscitaba temor; era un visceral rechazo lo que me provocaba. Lo peor de la soledad es que trae un «cara a cara» con uno mismo; lo estaba experimentando y no me gustaba.

Casualmente —o seguramente no fue nada casual— sobre ese tema versó la disertación de Andrés esa mañana.

Al llegar a su casa, lo encontré trabajando en el jardín. Definitivamente, su incapacidad de caminar no suponía ningún límite para él.

—¡Buenos días, David! —me saludó sonriente mientras con un largo azadón y sin abandonar su trono de ruedas, terminaba de hacer un hueco en la tierra, muy cerca de la dama de noche y la pacífica—. Bienvenido, hijo. Enseguida terminaré de plantar esto aquí y pasaremos a casa.

—Tranquilo; no se apresure por mí —le respondí admirado de ver cómo redondeaba meticulosamente el espacio donde colocaría la nueva especie.

—¿Serías tan amable de acercarme ese tiesto con solano que está junto a tus pies?

Vi a mi lado una maceta con una planta de hojas oscuras y ovaladas. Era bastante grande y pesada, por lo que me agaché y la tomé con ambas manos para aproximársela.

—El solano —me explicó— también es conocido como falso jazmín. Produce una flor muy parecida al verdadero, pero el perfume es menos intenso. Tiene la ventaja de ser más resistente al calor y tolerar también el frío del invierno mejor que el jazmín.

—Falso jazmín —repetí—. Una planta que parece lo que en realidad no es. Veo que la naturaleza se empeña en darnos lecciones —me aproximé a la pacífica y tomé entre mis dedos índice y pulgar uno de los grandes pétalos rojos de sus flores—, como esta flor que, siendo bellísima, solo se exhibe bajo la luz.

—Si me permites la precisión —repuso mi mentor—, no creo que la naturaleza nos enseñe, sino que Dios nos enseña en la naturaleza. No me canso de decir que la firma de Dios está en cada milímetro de creación. Y respecto a la exuberante flor de la pacífica, temo que adolece del mal de muchos siervos de Dios —me advirtió Andrés—: el síndrome del caballo de carreras. ¿No escuchaste hablar de él?

—Nunca —reconocí.

—Los caballos de carreras tienen una estampa impecable. Esos purasangre elegantes y llamativos alcanzan una velocidad de cincuenta kilómetros por hora y poseen una inteligencia y elegancia con la que dejan al público asombrado, pero a estos equinos solo los verás correr durante unas horas los domingos y siempre bajo el aplauso del público. ¿No te parecen extraordinariamente parecidos a algunos siervos de Dios? —guardó silencio y se concentró en regar con abundante agua el hueco donde iba a plantar. Luego me pidió—: ¿Puedes ayudarme a sacar la planta del tiesto? No sé cómo me habría arreglado, si no hubieras venido —entre los dos sacamos la bola de raíces de la maceta de plástico y la introdujimos en el espacio recién humedecido. Andrés retiró el sudor de su frente usando el antebrazo y prosiguió diciéndome—: mi pastor siempre me decía: «Mucho mejor que a los caballos de carreras, procura imitar al caballo percherón. No es tan elegante ni llamativo, pero podrás verlo tirando de carretas con enormes cargas y lo hace en el anonimato más absoluto y sin ser aplaudido por nadie. Los purasangre del hipódromo brillan con intensidad en las pistas, pero su fulgor se apaga pronto: rara vez superan los tres o cuatro años de competición. Los percherones, sin embargo, pueden mantener una vida de servicio activo que supera los treinta años».

Alzó la vista Andrés y me miró con gesto meditabundo. Se rascó la sien derecha y dijo:

—También me advirtió mi pastor que, para prolongar la vida y la eficacia de esos caballos, lo ideal es uncirlos a la carreta en grupos de tres, es decir, haciendo equipo. De ese modo, pueden arrastrar hasta mil kilogramos sin agotarse —añadió luego, mientras con su mano cubría de tierra las raíces—. Hablando de equipo, hoy me gustaría que reflexionemos sobre eso. Pensaba esta mañana en lo importante que es formar parte de una red de amigos —aplastó la tierra con la parte plana del azadón para darle consistencia, con la regadera volvió a humedecer el espacio y luego sacudió sus manos para desprender la tierra que se había quedado en ellas—. Fíjate que me vino a la mente el viejo nombre: «Grupos GAS».

—¡Grupos GAS! —mi corazón dio un vuelco al escucharlo—. ¡Me ha trasladado al jardín del seminario... Rubén y Samuel! Los tres formábamos un grupo. ¿Qué será de ellos? Hace tanto que no sé nada...

—Grupos de Apoyo y Sabiduría —sonrió—. Yo también me sentí trasladado a ese tiempo mientras meditaba en que precisamente eso, David, es lo que ahora necesitas.

—¿Un grupo ahora? —interrogué nada convencido—. Me temo que en este momento no soy buena compañía para nadie; ¡ni yo mismo me aguanto!

—Precisamente por eso lo necesitas. Creo que es importante que hablemos de eso —insistió—. Vamos adentro, luego terminaré con esto —señaló a las plantas—. Solo falta echarles un poco de abono.

Una vez en el interior, me pidió que lo esperase en el cuarto de lectura mientras él pasaba al aseo para lavarse y cambiarse de ropa. Me ofrecí a ayudarlo, pero me recordó que los baños de su casa estaban adaptados.

—Y ya sabes —me dijo—: los límites están solamente...

—¡En nuestra mente! —terminé la frase empujando su silla de ruedas hasta la puerta del baño, y allí lo dejé para ir a esperarlo a su cuarto de lectura.

Mientras aguardaba revisé algunos de los libros que ocupaban las estanterías. Uno de ellos atrajo mi atención y lo tomé: *Juan El Bautista: una aproximación al profeta del desierto*.

Así decía el título. Siempre me atrajo el personaje de Juan El Bautista, así que lo llevé hacia la mesa dispuesto a ojearlo, pero un cuadro en el que antes no había reparado atrajo mi atención: la lámina mostraba un mar en completa calma sobre el que un pequeño velero flotaba. La imagen proyectaba una serenidad contagiosa. Sobre la superficie de color azul turquesa del mar, había un texto impreso: «Es mucho más fácil conservar la integridad que recuperarla», decía la frase que en el cuadro se atribuía a Thomas Paine.

Aquel enunciado actuó como una mano oprimiendo mi pecho y haciéndome difícil respirar. Lo descolgué y lo sostuve frente a mí, manteniendo la mirada fija en las palabras.

—Thomas no dijo que fuera imposible recuperar la integridad —Andrés había llegado y, adivinando mis pensamientos, me habló desde la puerta—, simplemente puntualizó que conllevará esfuerzo —se aproximó haciendo girar la silla con la ayuda de sus manos—. Por cierto, me temo que ese cuadro te habrá llenado las manos de polvo. No dejo que nadie limpie y ordene mi cuarto de lectura. ¡Me pierden las cosas! Así que yo mismo me ocupo de mantener habitable este espacio, y ni recuerdo cuándo fue la última vez que pasé el plumero por los cuadros —rio con un tono que exudaba disculpas. Luego cambió de registro para, con más seriedad, decirme—: tranquilo, hijo; sé que el texto de esa lámina te dice muchas cosas ahora mismo, pero recuperarás tu integridad. Estás en el camino adecuado para convertir el gran error en extraordinario maestro —su voz destilaba un optimismo contagioso—: paciencia y perseverancia, esas dos «p» serán las piernas que te lleven a la mejor posición.

Mientras yo devolvía el cuadro en su lugar, él aproximó su silla al escritorio y, sin mediar palabra, tomó la Biblia que estaba allí abierta. Supuse que esa misma mañana había estado meditando en el texto que ahora quería comentar conmigo.

—Déjame leerte lo que Salomón dice en Eclesiastés 4:9-12 —lo leyó casi con urgencia—: *Es mejor ser dos que uno, porque ambos pueden ayudarse mutuamente a lograr el éxito. Si uno cae, el otro puede darle la mano y ayudarle; pero el que cae y está solo, ese sí que está en problemas. Del mismo modo, si dos personas se recuestan juntas, pueden brindarse calor mutuamente; pero ¿cómo hace uno solo para entrar en calor? Alguien que está solo puede ser atacado y vencido, pero si son dos, se ponen de espalda con espalda y vencen; mejor todavía si son tres, porque una cuerda triple no se corta fácilmente*[30].

Mantuvo la vista en su Biblia abierta durante un intervalo meditabundo, luego siguió:

—La soledad, como algún otro sentimiento, se perfecciona con el uso. Muy pocos se sienten a priori atraídos por la soledad. Resulta al principio incómoda, pero, ¡cuidado!, porque luego se vuelve seductora y finalmente imprescindible. La soledad que en su justa medida es vital, en una sobredosis puede resultar letal —señaló al libro que yo había depositado sobre la mesa—; aun Juan el Bautista, con su carácter ermitaño y su temperamento tendente al aislamiento y al silencio, tuvo seguidores y discípulos, y estoy persuadido a creer que también tuvo mentores y fue discípulo de alguien.

Hizo una pausa reflexiva mientras tomaba una hoja de papel, la colocó en posición horizontal y dibujó en ella tres recuadros, uno junto al otro, por lo que dos quedaban en los extremos y uno en el centro del folio.

—Hay tres posiciones que podemos adoptar en cuanto a las relaciones interpersonales: una de ellas es declararme independiente del resto, es decir, no tengo necesidad de nadie y yo solo puedo con los retos que me ofrecen la vida y el ministerio —anotó la palabra «independiente» en el recuadro que ocupaba el espacio derecho del folio—. Obviamente, esta es una posición extremista e inconveniente y, por si fuera poco, es un postulado completamente erróneo, pues todos necesitamos de los demás. La independencia aísla y, aunque algunos lo llamen libertad, yo lo llamo pobreza. Aislarte de otros es levantar un muro que nos separa de valiosas fuentes de recursos y de muchos complementos que nos enriquecerían. Algunos tildan de soberbios a quienes toman esa postura. No creo que el orgullo sea la única causa de quien se torna totalmente independiente. Lo opuesto del orgullo es la humildad, una deliciosa virtud, pero la humildad mal entendida puede empujarnos al otro extremo —volvió a la hoja de papel y en el espacio más posicionado a la izquierda escribió la palabra «dependiente»—. Depender de otras personas es una sutil forma de esclavitud. No es bueno ser dependiente de nadie, pues eso te ata a sus opiniones, gustos y preferencias, y en esa misma medida uno va quedando anulado —me miró con fijeza para decirme—: ni siquiera debes depender de la persona a la que más amas, pues es una forma de enterrarte en vida; un acto de automutilación psicológica donde el amor propio, el respeto a uno mismo y la misma esencia de nuestro ser son regalados de forma irracional —guardó un instante de silencio antes de reconocer—: acabo de citar casi literalmente a Walter Riso porque creo en esa afirmación suya. Hijo, tú eres tú con tus talentos y tus defectos; con tus aciertos y tus errores. Depender de alguien te convierte en su lacayo —se mesó la barbilla, como despertando al recuerdo—: no consigo recordar de quién es la frase, pero voy a intentar recitarla: «Porque para quererte no necesito tenerte, te quiero libre; conmigo o sin mí. Te ofrezco mis brazos para estar juntos, o te doy mis alas para volar. Tú decides».

Continuó diciendo:

—El estado óptimo no es la dependencia, pero tampoco la independencia: lo idóneo es… —buscó el recuadro central que había dibujado en el folio y escribió «interdependen-diente»—. Ese estado en el que yo sigo siendo yo, pero ya no hablo de mí, sino de nosotros. Formo equipo, tengo aliados, compañeros de batalla, paisanos con los que recorrer la jornada. Cuando la vida se ponga cuesta arriba, tendré una mano a la que agarrarme y, si caigo, habrá quien me levante y viceversa; haré que mi hombro se convierta en baluarte de otro y mi mano sirva como asidero para el que se sienta débil. La interdependencia se traduce en: hoy soy ayudado y mañana ayudo. Hoy recibo impulso y mañana lo genero. «Las personas dependientes necesitan de los otros para conseguir lo que quieren. Las personas independientes logran lo que quieren gracias a su propio esfuerzo. Las personas interdependientes combinan su esfuerzo con el de otros para alcanzar un mayor éxito». Esta afirmación sí puedo asegurar que es de Stephen Covey. Aparece en su superventas *Los siete hábitos de las personas altamente efectivas* —garantizó—. No es buena la dependencia, ni tampoco su antagónico. Es la interdependencia lo que establece equipos y construye reinos —Detuvo un momento su discurso, como recapacitando, y dijo luego—: hay quien tiene el ministerio de la soledad, no voy a negarlo, pero nadie que no lo tenga debe intoxicarse con la soledad del ministerio.

La explicación me pareció magistral y completamente convincente. Decidí, no obstante, presentar una mínima objeción:

—¿No beber la soledad del ministerio? Pero no me negará que necesitamos espacios y tiempos de soledad.

—Totalmente de acuerdo —aceptó reforzando su conformidad con un asentimiento de cabeza—. Por eso evité la expresión «no beber» y utilicé «no intoxicarse». Tomar tragos de soledad es conveniente, siempre y cuando sepamos gestionar el río para no ahogarnos en él. Ya te dije que el gran riesgo de la soledad es que resulta adictiva; es fácil caer y hasta ahogarnos en sus plácidas y apetecibles aguas. Aprendí de las olas que a veces es necesario retirarse un tiempo para volver luego con más fuerza. Hay que retirarse, por supuesto, pero luego hay que regresar. La bendición se produce cuando el espíritu se asoma a unos ojos y ve a su alrededor hermanos; no cuando se encarcela o se fanatiza abandonando el contacto con sus semejantes.

Detuvo Andrés su discurso al notarme tan pensativo. Reflexionaba en las palabras de mi mentor y a la vez analizaba mi vida; no tenía la más mínima duda sobre el recuadro en el que estaba posicionado en ese instante: absolutamente independiente; hasta límites peligrosos, pues mi independencia no se daba solo con respecto a otras personas —no estaba rindiendo cuentas a nadie, ni de nadie tomaba consejo—, sino que mi actitud mostraba también una clara independencia con respecto a Dios.

—Desde que tengo uso de razón —le dije—, mi árbol preferido fue la secuoya roja. Su enorme estatura y su larguísima vida me cautivaron desde niño. Pronto aprendí que una de las principales razones de su gran longevidad es que no constan solo de un tronco, sino de un conjunto de tallos agrupados entre sí. Cuando uno resulta dañado, los demás se siguen desarrollando y aportan savia al tronco que la necesita. Me prometí, al entrar al ministerio, que practicaría siempre ese principio de la interdependencia, pero en cuanto las cosas comenzaron a irme bien olvidé esa promesa.

—Está bien mirar al retrovisor para visualizar los errores cometidos —me dijo—, pero luego debes enfocarte en el parabrisas para mirar adelante. Usa los errores como el chicle: le sacas el sabor y lo tiras lejos de ti. Convierte el pasado en trampolín, y no en sofá. Ahora estás a tiempo de hacer equipo y de recordar que «Ir juntos es comenzar, mantenerse juntos es progresar, trabajar juntos es triunfar». No es mía la frase —admitió y añadió con una sonrisa—, pero aceptarás que es muy buena. En definitiva, mi consejo es el siguiente: *ama la compañía, porque te multiplica, y ama la soledad porque te engrandece. Avanza entre las dos para encontrarte contigo y con los otros; pero no ames la compañía de manera que te aleje de ti, ni ames la soledad de manera que te aleje del mundo.*

—Es magnífica esa oración —exclamé—, debo anotarla para no olvidarla —y lo hice de inmediato en el cuaderno que había prometido llevar siempre a nuestros encuentros.

Fue en el justo instante en que terminaba de redactar la magistral frase de mi maestro, cuando noté que mi teléfono vibraba en el bolsillo de mi camisa. Fue una sacudida leve y corta que anunciaba la llegada de un mensaje de WhatsApp.

BIENAVENTURADOS LOS FRACTURADOS PORQUE ELLOS DEJARÁN PASAR LA LUZ

—Anota también esto, por favor —Andrés señaló a mi libreta al decirlo—. Quiero enumerarte algunas razones por las que es tan importante rodearnos de personas —hojeó rápidamente su Biblia y posó su dedo sobre un texto, antes de leerlo—; fue también Salomón quien dijo esto: «El hierro se afila con el hierro, y el hombre en el trato con el hombre»[31]. Hay beneficio mutuo en friccionar dos hojas de hierro. Hay bendición mutua cuando afilamos o lijamos nuestras diferencias.

Quería concentrarme en la explicación de Andrés, pero la duda con respecto al remitente del mensaje me distraía. Con tantos frentes abiertos cualquier notificación en mi teléfono podía resultar trascendente.

---

31 Proverbios 27:17 (NVI)

—Perdón, Andrés, debo mirar el teléfono, creo que ha entrado un WhatsApp.

Acerté con respecto a la llegada de un mensaje, pero jamás habría adivinado quién lo remitía. El número era larguísimo y desconocido, cuando lo abrí comencé a leer: «Hola, soy Virginia...».

—¿Te encuentras bien? —preguntó Andrés preocupado por el ostensible temblor que se había declarado en mi mano derecha.

—Léalo usted, por favor —le pasé el teléfono como quien quiere desprenderse de un arma homicida.

Lo tomó y leyó en silencio.

Concluida la lectura, mantuvo el mutismo durante varios segundos en los que su gesto denotaba preocupación. Tras un lapso que se me antojó eterno, puso voz al mensaje:

—«Hola, soy Virginia. Te escribo porque, ignoro cómo, pero alguien de tu círculo me ha localizado; me dijo que se llama Marisa y me acusa de haber arruinado tu matrimonio. Por ahora no sé más, pues cuando comenzó a insultarme corté la comunicación. Por otro lado, necesito hablar contigo urgentemente, dime cuándo puedo llamarte, por favor».

No supe qué decir.

Completamente enmudecido.

—¿Cómo conociste a esa tal Virginia? —el tono de Andrés conjugaba severidad, preocupación y ternura.

—Después de una conferencia, ella pidió hablar conmigo —reconocí—. Estaba muy afligida y me dijo que era urgente. Esa noche estaba agotado y me excusé, pero al día siguiente llegó muy temprano a la iglesia; yo estaba haciendo pruebas de imagen y sonido, preparando mi exposición de esa tarde, me abordó de nuevo; esta vez con lágrimas en los ojos. «Necesito hablar» —me dijo. No supe negarme y hablé con ella.

—¿Dónde hablasteis?

—En un cuarto de aquella iglesia.

—¿Los dos solos?

No tenía escapatoria; simplemente asentí con la cabeza.

—¿Ocurrió algo durante esa conversación?

—Nada físico, pero sé que se produjo una vinculación emocional —reconocí—. Se nos echó la hora de la reunión y me sorprendí a mí mismo proponiéndole seguir hablando después de la conferencia, en una cafetería cercana y tomando un refresco.

—¿Eras consciente del riesgo que asumías?

—Le estaría mintiendo si le dijese que no —estaba dispuesto a ser absolutamente sincero. Si iba a reedificar, sería sobre el cimiento de la honestidad—. Tan consciente era, que esa noche estuve totalmente descentrado mientras impartía la conferencia. Creo que varios lo notaron: percibí miradas de desconcierto en el equipo organizador de aquel congreso. Terminada la reunión me excusé con la persona que iba a llevarme al hotel diciéndole que debía atender un asunto ministerial allí cerca y que luego regresaría en taxi. Lo comprendió sin dificultad y no expresó la más mínima extrañeza.

—Así que seguisteis hablando mientras tomábais un refresco.

—Y después cenamos, ya con una copa de vino que ella insistió en ordenar —expliqué—, siguió relatándome el infierno que fue su matrimonio y el complicado divorcio que aún estaba atravesando —aunque Andrés no pedía detalles yo necesitaba darlos—. Varias veces rompió a llorar y me sentí en la obligación de poner mi mano sobre la suya en actitud de empatía. La última vez tardé en retirarla y ella envolvió mis dedos con los suyos. Incómodo, aparté la mano y precipité el final de la cena; insistió en que tomásemos algo de postre, pero le dije que estaba cansado y necesitaba ir al hotel. «Está bien —me dijo—, te llevo en mi coche». No supe decirle que no; me dejó en la puerta y me dio un beso en la mejilla. Cuando llegué a la habitación, me arrodillé en mi cuarto. Me sentía fatal por lo que había ocurrido, y sobre todo estaba preocupado. Una extraña sensación de bienestar se conjugaba con la espantosa presión fruto de la culpa. Jamás había sentido algo así: me apetecía repetir el encuentro y a la vez me aterrorizaba volver a verla. Era algo muy fuerte, tanto que me asusté.

—Por lo que me dices, te saltaste de golpe todos los principios éticos de la consejería —recriminó mi maestro.

—Lo sé —admití sin ser capaz de sostener su mirada—. Era consciente de estar infringiendo las normas, y de ahí la terrible presión que experimentaba. Usted fue muy claro al dictarnos en el seminario «Consejería Pastoral»: evitar siempre aconsejar a solas a alguien del sexo opuesto, incluso evitarlo totalmente en la medida de lo posible, derivar esos temas a nuestra esposa o a alguien de su mismo sexo.

Asintió Andrés y comenzó a enunciar otro de los principios clave en consejería:

—Dos percepciones que deben ponernos alerta y hacernos considerar que debemos parar la consejería son:

—Que quien busque nuestro consejo nos suscite un fuerte rechazo —lo sabía de memoria y lo desgrané a la perfección— o que hablar con esa persona, en especial si es del sexo opuesto, nos produzca excesiva complacencia. Estas dos sensaciones de signo opuesto nos harán perder la objetividad y conviene que derivemos ese asunto a otra persona que pueda ejercer con plena imparcialidad.

—Bueno, veo que la teoría la tienes clara, ojalá nunca vuelvas a quebrantar normas tan elementales.

—Quebranté las normas —acepté—, y ahora soy yo el que se siente totalmente quebrado.

—Bienaventurados los fracturados —dijo quedamente—, porque ellos dejarán pasar la luz.

—Virginia pide hablar conmigo —le recordé—. ¿Cree que debo hacerlo?

—Puedes hacerlo, pero no tú solo —dijo.

—Será una conversación telefónica —le aclaré—, de ningún modo me veré con ella...

—Aunque solo sea hablar por teléfono —me interrumpió—. Debes protegerte y para ello es importante que haya testigos —me dijo—. Mi sugerencia es que le digas que te llame cuando estés conmigo y que le adviertas de que tu teléfono tendrá la opción manos libres activada, por lo que yo seré testigo de la conversación.

NO SOY «YO» SOMOS «NOSOTROS»

Al día siguiente, me recibió en el jardín.

—El día está espléndido —me dijo—. Da lástima desperdiciar una mañana así encerrados entre paredes...

—Me parece una magnífica idea —aplaudí tomando asiento en el banco de madera que había frente a él.

—Buenos días —saludó Querit desde la ventana—. Lamento mucho no poder estar hoy con vosotros, hay muchas ocupaciones en casa, pero os puedo llevar algo de beber, si deseáis.

—Muchísimas gracias, Querit —le dije—. Me encantaría un poco de café con azúcar y hielo...

—¿Café con hielo? —Andrés me miró con gesto de haber escuchado una barbaridad.

—Es una de las bebidas más refrescantes que conozco —aseguré.

—Cariño —dijo de inmediato—, por favor, tráeme a mí lo mismo, siento mucha curiosidad.

—Enseguida os lo llevo —rio Querit.

Andrés abrió la Biblia con rapidez. Su agilidad con el libro era admirable, lo mismo que su concentración:

—*El hierro se afila con el hierro, y el hombre en el trato con el hombre*[32] —Andrés leyó de nuevo el texto del día anterior, y me dijo—: siempre es necesario estar en conexión con otros, pero en tu caso, hijo, es urgente que lo hagas. Te comenté varias veces lo importante que considero que formes parte de un grupo. Querría que me autorices a que en nuestro próximo encuentro incluya a dos personas.

—Perdóneme que insista —le dije algo inquieto—. ¿No le parece pronto? Siento que está todo tan tierno...

—¿Te has dado cuenta de que Marisa está creando equipo y buscando aliados? —me miró fijamente—. ¿Por qué piensas que lo hace? —no aguardó respuesta, sino que él mismo respondió—: porque unir fuerzas multiplica el resultado, ya sea que se busque un resultado positivo o negativo, la unión de fuerzas y recursos lo multiplica. Del mismo modo que el enemigo de nuestras almas conoce la fortaleza del grupo, también nosotros debemos darle importancia —acudió a la Biblia para refrescarme un texto que ya había resaltado días atrás—: *Donde no hay buen consejo, el pueblo cae, pero en la abundancia de consejeros está la victoria*[33]. Espero que confíes en mí. Por supuesto que las personas a las que tengo en mente para acompañarnos en este proceso reúnen características que las hacen idóneas. Son absolutamente discretas, totalmente confiables y de una calidad espiritual que, estoy convencido de ello, te van a enriquecer y a fortalecer. Puedo garantizarte que no vivirás algo parecido a lo que ha tenido que enfrentar esa joven que te llamó... Virginia.

—Créame que no dudaré de la elección que usted haga —afirmé rápidamente—. No espero que traiga a personas

---

[32] Proverbios 27:17 (NVI)

[33] Proverbios 11:14 (LBLA)

renombradas, sino sencillamente íntegras. *El hierro se afila con hierro*, decía Salomón, pero sé que incluso una piedra puede aguzar el filo de un cuchillo o de un hacha.

—Debes ser enseñable —mientras yo bebía él reanudó su discurso—. El más sabio es aquel capaz de aprender incluso del más necio —recordó mi mentor—. Incluso en el barro y la escoria de las cosas siempre hay algo. Para quien ama la música siempre hay melodía; para quien ama la vida siempre hay un latido, aun en el más espantoso silencio. Muchas personas asumen que todo lo que se necesita para el crecimiento espiritual es un estudio bíblico y oración. Ambas cosas son esenciales —recalcó—, pero algunos temas en la vida nunca cambiarán solo con eso. Dios usa a las personas. Él trabaja con las personas más que con milagros. Quiere que crezcamos juntos.

Por unos momentos permanecimos en silencio. Una nube se había situado entre el sol y nosotros refrescando la atmósfera. A pesar de que había oscurecido un poco, me pareció obvio que mi maestro no dejaba de dar vueltas a lo que estaba queriendo transmitirme. Como si las diferentes piezas de su discurso estuvieran encajando de una manera que no le resultase satisfactoria.

Querit había llegado y, en una mesita de piedra, a mi derecha, depositó nuestras bebidas servidas en vaso alto. Le agradecí con un gesto mientras Andrés, intensamente concentrado, se llevó el refresco a la boca y bebió un largo trago, generoso y placentero. Calculé que debió haber vaciado no menos de medio vaso cuando despegó los labios, chasqueó la lengua y me sonrió.

—Delicioso: este café está delicioso.

—Me alegro mucho —dije a la vez que me disponía yo también a refrescarme la garganta.

—Escucha, hijo —me pidió—: en muchas religiones se venera a las personas que se aíslan en monasterios en las cumbres de las montañas sin contacto con otras personas. Se les considera más santos. ¡Pero eso es un malentendido enorme! ¡La madurez espiritual no es una búsqueda individual y solitaria! No puedes crecer en semejanza a Cristo aislándote. La verdadera madurez espiritual es amar como Jesús y no puedo practicarlo sin relacionarme con otros. Un amigo te hará ver tus errores y no solo tus aciertos. No basta con que como iglesia tengamos un ideal común; hay que contar con relaciones fraternas y profundas. Tenemos la necesidad de vivir y compartir con otros, nos gusten o no: es verdad que la unión hace la fuerza.

Hablaba con firme convicción y su seguridad resultaba contagiosa.

—Ascender demasiado siempre es un peligro —prosiguió—; si seguimos subiendo, faltará el oxígeno y caeremos asfixiados; si nos precipitamos de golpe, moriremos estrellados. El verdadero amigo es como un ancla que impide que la estratosfera nos absorba; no se cohibirá de corregirte —había intensidad en su mirada y convicción en sus palabras—. Pero mira y vigila tu círculo de intimidad; no te rodees de cualquiera, porque la calidad de tus relaciones determinará la calidad de tu vida. No te rodees de palmeros y ten cuidado con los aduladores. Precisarás de manos que te guíen y no solo de zalameros que te aplaudan; la gran diferencia entre el elogio y la adulación es que el primero es sincero y la segunda no lo es. Las amistades reales no son hilos de vidrio ni escarcha, sino sogas sólidas que nos sujetan sin controlarnos y nos protegen sin asfixiarnos. Nos regalan seguridad sin restarnos libertad. El hombre y la mujer grandes son aquellos que mantienen, en medio de las muchedumbres, la independencia de la soledad. Sé que es complejo y son muchas las ideas que acabo de exponer, pero medítalo, por favor.

La brillantez con la que hablaba era admirable; como si una compuerta de verbos y adjetivos se hubiera desbordado y fluyese ahora por su boca:

—No destierres a los compañeros por codiciar la independencia, pero no sacrifiques tu individualidad en aras de ninguna amistad, porque la verdadera amistad no te robará tu identidad, sino que le sacará brillo. El amigo brilla junto a nosotros sin robarnos nuestro fulgor, lejos de eso, orienta su luz para destacar la nuestra. El aislamiento es enemigo de una vida saludable. Los líderes y los pastores necesitan amigos. El pastor tiende a sufrir el síndrome de la omnipotencia; no tiene libertad de pedir ayuda. La identidad ineludible lo persigue a cualquier lugar al que vaya. El ministerio no es un disfraz, sino una segunda piel.

Se detuvo para tomar su vaso con café helado y apurar el contenido. Me miró, como esperando algún comentario o pregunta. Simplemente le sonreí antes de seguir tomando nota de tanta sabiduría como me estaba transmitiendo.

—El silencio es un vehículo de perfección, hijo, nos permite aprender lo que está dentro de nosotros y escuchar lo que nos dice la vida de fuera; pero no podemos construirlo todo desde nuestra soledad y nuestro pensamiento, por eso hay que escuchar para impedir la pasividad, la intolerancia, el aislamiento y la egolatría —guardó silencio un instante y me miró con gesto de pedir disculpas—. ¡Ufff!, temo que estoy aburriéndote con un discurso inconexo, aturullado y lleno de frases deshilvanadas. Ojalá logres sacar algo en claro de mi interminable sermón.

—¿Que si estoy sacando algo en claro? —le mostré mi libreta llena de anotaciones—. No lo dude ni un instante —afirmé—. Lo que me dice me está enriqueciendo. Confío en poder asimilarlo todo, porque debo meditar mucho en ello.

—Bueno, pues tú lo has querido —su risa dibujó un arco iris en la atmósfera del jardín—, sigo adelante: cuando hagas equipo, no confundas discrepancia con deslealtad —guardó un instante de silencio con el claro propósito de que la importante verdad quedase registrada en mi conciencia, y para asegurarse del todo volvió a repetirlo—: no confundas discrepancia con deslealtad. Lo que eso significa es: admite opiniones diferentes a la tuya, pues los puntos de vista discrepantes no son armas que pretendan herirte, sino complementos que buscan enriquecerte —me miró intentando percibir si lo seguía—. Citaste antes a Emerson, pues fue él quien pidió encarecidamente: «Permítanme nunca caer en el error vulgar de soñar que soy perseguido cada vez que me contradicen» —sonrió justo antes de pedirme—: ¿podrías leer de nuevo ese texto de la Biblia?

—¿Qué? —me había pillado desprevenido. No sabía exactamente a qué se refería—. ¿El texto de la Biblia?

—¡Sí! —dijo un poquito exasperado, creo que por temor a perder el hilo que de manera tan afinada venía sosteniendo—. Las palabras de Salomón que antes te leí. ¡Lo de Eclesiastés!

—¡Ah, sí, claro!

TRES IMPORTANTES VENTAJAS DEL EQUIPO

Tomé su Biblia y di lectura a los versículos con los que Andrés había abierto nuestro encuentro de ese día:

—*Es mejor ser dos que uno, porque ambos pueden ayudarse mutuamente a lograr el éxito. Si uno cae, el otro puede darle la mano y ayudarle; pero el que cae y está solo, ese sí que está en problemas. Del mismo modo, si dos personas se recuestan juntas, pueden brindarse calor mutuamente; pero ¿cómo hace uno solo para entrar en calor? Alguien que está solo puede ser atacado y vencido, pero si son dos, se ponen de espalda con espalda y vencen; mejor todavía si son tres, porque una cuerda triple no se corta fácilmente.*

Asintió con la cabeza, como meditando un momento en el pasaje. Se inclinó hacia mí y comentó:

—Este pasaje tiene mucho qué decir acerca de ejercer haciendo equipo, pero se puede resumir en tres afirmaciones:

1. **Trabajar juntos multiplica nuestro impacto**. Como alguien dijo: «Una persona edifica una casa, pero un equipo construye un reino». ¿Quieres hacer un impacto determinante con tu vida? Hazlo junto a otras personas porque lo que hacemos juntos será mucho más significativo que lo que hacemos individualmente. Una gota de lluvia no hace gran diferencia en un desierto, pero un millón de gotas pueden convertir el desierto en un jardín.

2. **Trabajar juntos minimiza nuestros errores**. ¿Recuerdas lo que dijo Salomón? *El que cae y está solo, ese sí que está en problemas.* Cuando caminamos juntos y uno cae, habrá quien lo levante. Eso se llama amistad. Necesitamos trabajar junto a otros para ayudarnos y minimizar nuestros fracasos. La amistad es un oasis en el desierto de la vida, pero hay que cuidar ese vergel —se hizo un charco de silencio. En él, Andrés suspiró. Ahora hablaba muy despacio, casi palabra por palabra, como al dictado de un interlocutor remoto, y mantenía cerrados los ojos y las manos quietas sobre los brazos de la silla—. Él nos da la barca y los remos, pero nos toca remar para acercarnos a Él y en ocasiones el mar está fiero y al hincar el remo sentimos que el agua parece piedra. ¡Qué bueno es tener otras manos que agarren la madera y empujen el remo con nosotros! Unidos llegaremos al puerto. Tal vez arribemos cansados, incluso extenuados, pero llegaremos acompañados.

3. **Cuando trabajamos juntos movilizamos nuestros recursos**. Es lo tercero y último que quería destacarte: cuando unimos nuestros recursos, estos van mucho más lejos. Puedes compartir tu manta y dos personas se mantendrán calientes, en lugar de una. Harás espacio en tu colchón y serán dos los que descansen; compartirás tu hacha y, en tu tiempo de descanso, otro seguirá talando. Siempre es mejor trabajar en equipo. Recuerdas al apóstol: *Así como nuestro cuerpo tiene muchas partes y cada parte tiene una función específica, el cuerpo de Cristo también. Nosotros somos las diversas partes de un solo cuerpo y nos pertenecemos unos a otros*[34] —lo había localizado en la Biblia y lo giró hacia mí para que pudiera verlo, entonces dijo—: Dios diseñó el universo de tal manera que nos necesitamos unos a otros. Yo te necesito, David, y tú me necesitas. La frase *unos a otros* es usada cincuenta y ocho veces en el Nuevo Testamento: amarnos unos a otros, cuidarnos, animarnos, soportarnos unos a otros, orar unos por otros, saludarnos unos a otros, compartir unos con otros. Dios nunca quiso que fueras solo por la vida —la intensidad de su mirada me previno de que iba a emitir una sentencia importante—: eres parte de un gran plan, por eso necesitas un gran impulso.

---

34 Romanos 12:4-5 (NTV)

SINIESTRO CORTEJO FÚNEBRE

Esa mañana Virginia y yo tendríamos una conversación con Andrés. Así lo habíamos pactado, la oportunidad en la que recibí su mensaje estando en casa de él. Aunque al principio se sorprendió de mi deseo de que Andrés fuese testigo de nuestra conversación, no opuso resistencia, pues en su corazón también había un anhelo de restauración.

A las diez de la mañana en punto, tal y como habíamos acordado, y en la sala de lectura de mi maestro, mi teléfono sonó. Tras unos saludos protocolarios, ella inició un discurso en el que no faltaron lágrimas ni evidente dolor:

—David —comenzó diciendo—, mis hijos han conocido lo que ocurrió entre tú y yo...

—¿Cómo? —no daba crédito a lo que oía—. ¿Por qué lo han conocido? ¿Por qué se lo dijiste?

—¿Cómo se te ocurre pensar tal cosa? ¿Cómo puedes imaginar que yo les contaría algo así a Fran y a Luis? —su voz sonaba ofendida.

—¿Entonces? —algo no cuadraba—. Si no fue a través de ti y nadie más lo sabe, no comprendo cómo ha llegado a sus oídos.

—Después de lo que ocurrió, me sentí fatal —reconoció—. Tenía una culpabilidad horrible que no se pasó con el tiempo. Un día, desesperada, decidí hablar con una amiga buscando su ayuda... Ella me prometió que no lo contaría a nadie más, pero tanto le impresionó la historia que fue a buscar «apoyo en oración» de otra hermana de la iglesia, quien también aseguró que no lo contaría a nadie...

Observé a Andrés que movía su cabeza de lado a lado.

—Lo imagino —dijo mi maestro—. La historia termina en que cien personas prometieron no contarlo a nadie, hasta que la noticia fue de dominio público.

—Llegó hasta el grupo de adolescentes de la iglesia —explicó Virginia, apoyando la tesis de Andrés—, y varias madres pidieron a sus hijos no relacionarse con los «vástagos de esa mujerzuela».

Cerré mis ojos como si hubiera recibido un golpe, mientras recordaba que Fran y Luis tenían catorce y diecisiete años, respectivamente, una edad terrible para ser sometidos a algo así.

—Literalmente —sollozó Virginia— les han sometido a aislamiento social, como si tuviesen Covid19. El pastor ha sido muy bueno, cuidándolos y pidiendo que la iglesia los cuide, pero en el grupo de chicos se debaten entre la espada y la pared, pues en sus corazones está el deseo de compartir con sus amigos, pero en sus mentes retumban los señalamientos de sus madres. Entendedme, no estoy quitando mi culpa —y lo repitió—, no esquivo mi responsabilidad, si ellos están poco comprometidos con Dios es por mi mal ejemplo, lo sé, pero las críticas no les ayudan.

—¿Y el padre, Virginia? —interrogó Andrés—. ¿Cómo actúa tu marido?

—No estoy casada —reconoció—. Tuve a los dos siendo soltera, antes de convertirme al Evangelio. Con el papá de Luis me casé posteriormente, pero fue un desastre y el dolor vivido resultó demasiado desgarrador. Ahora mismo no tengo ni idea de por dónde andan los dos padres.

—Cuando hablaste conmigo, Virginia, la primera vez que hablamos —le recordé—, aludiste a problemas de relación con tu marido, que tenías en ese momento, pero por lo que ahora dices, parece que tu divorcio estaba consumado ya hacia tiempo. ¿Me mentiste?

Guardó un momento de silencio. O se había visto cazada en la mentira o estaba intentando crear un argumento para explicarlo. Un minuto después confesó.

—No te dije toda la verdad, eso es cierto. Ya llevábamos bastante tiempo separados, pero creí que me ganaría tu atención si me mostraba como alguien a quien acaban de romper el corazón —calló un instante antes de concluir—: no estuvo bien lo que hice, y lo lamento.

Me miró Andrés y vi compasión en su mirada.

—Fran y Luis están muy rebeldes ahora —prosiguió Virginia—. Ellos estuvieron en el primer culto en el que predicaste, David, y sintieron mucha admiración por ti —guardó un momento de silencio antes de sentenciar—: saber que estuviste con su madre los ha desmoronado...

Un sollozo impidió a Virginia seguir hablando. Mantuve mis ojos cerrados y sentí que me dolía el corazón.

—Ahora no quieren saber nada de la iglesia —siguió con su discurso—, ni del Evangelio, ni de mí. Hace cuatro días que no cruzan palabra conmigo... Solo me dicen lo indispensable.

Andrés se empleó a fondo, transmitiendo a Virginia palabras de ánimo y consuelo, a la vez que le instaba a que se pusiera en contacto rápidamente con la esposa del pastor y pidiera su ayuda; primero para ser restaurada y, también, para intentar articular alguna forma de arropar a Fran y a Luis.

Di gracias a Dios de que mi maestro estuviera allí. No imagino cómo podría haber ayudado yo a Virginia, si el solo hecho de escuchar aquel relato me había dejado descompuesto y terriblemente apesadumbrado.

—Cualquier transgresión a la ley de Dios es nociva —me dijo Andrés una vez hubimos concluido la conversación con Virginia—. No es correcto categorizar los pecados haciendo una lista de los más tolerables y otra con los más repudiables.

Tomó Andrés su añosa Biblia y localizó un texto al que enseguida dio lectura:

—Fíjate lo que el apóstol Pablo escribió a la iglesia establecida en la ciudad de Corinto: *¿No se dan cuenta de que los* *que hacen lo malo no heredarán el reino de Dios? No se engañen a sí mismos. Los que se entregan al pecado sexual o rinden culto a ídolos o cometen adulterio o son prostitutos o practican la homosexualidad, o son ladrones o avaros o borrachos o insultan o estafan a la gente: ninguno de esos heredará el reino de Dios*[35].

Mantuvo su Biblia abierta e incluso la giró hacia mí, como si yo tuviese que certificar que lo que había leído era lo que realmente allí estaba escrito:

—¿Te das cuenta de lo que aquí dice? —me dijo dando varios toques con su mano derecha sobre la página—. Es un compendio de transgresiones sin ninguna intención de categorizarlas. Todo entra en el mismo cajón de sastre, que en este caso se convierte en cajón de desastres —dijo, jugando con las palabras.

—Pero no me negará que no todos esos pecados tienen la misma importancia...

—Todos son moralmente reprobables —dijo categórico—, y cada una de las infracciones encuentran una misma base: el quiebre de la integridad. Es bien cierto que no todos los desmanes tienen el mismo impacto social, y está claro que los que entran en el lineamiento de pecados de índole sexual generan un rechazo bien marcado.

—Pero no todas las normas quebrantadas provocan el mismo daño —insistí.

—¡Exacto! —en su gesto vi el júbilo de que hubiera captado la esencia del tema—. Todas las infracciones son atentados contra la moralidad, idénticas en su raíz: pecado, pero distintas en sus consecuencias. Es el daño y los efectos colaterales que originan lo que las diferencian. El cortejo fúnebre que acompaña, por ejemplo, al pecado sexual. No podemos negar que hay determinados pecados que llevan aparejado un siniestro cortejo fúnebre. Son como terremotos que causan

---

35 1 Corintios 6:9-10 (NTV)

un sinfín de daños, no solo en el epicentro, sino en toda la periferia —aclaró de manera bien gráfica—. Tal es el pecado de adulterio. Afecta a la vida individual de quien lo comete. En segundo lugar, al matrimonio del implicado; enseguida, a los hijos si los hay, a la iglesia como comunidad y a la comunidad donde radica la iglesia. Eso es lo invasivo del pecado sexual. Los hijos son unas víctimas principales en este asunto. El diablo no es malo, es cruel —apretó los labios con enfado, hasta formar una fina línea—, no quiere herir, sino matar; no es un arañazo lo que provoca, sino un auténtico desgarrón. La vinculación íntima del pecado sexual conlleva un encauzamiento emocional y espiritual que afecta más allá de otros pecados que no conllevan ese grado de vinculación.

CONVERSACIÓN CON REBECA

Por fin esa noche había descansado de un tirón. No fueron demasiadas horas, solo seis, pero me habían alimentado mucho.

Apenas inaugurado el día, salí al jardín. Corté unos ramos del lilo; su olor era dulzón. Los coloqué en un vaso en la mesa del jardín y saqué allí mi café. La mañana se desperezaba con gran dulzura y se alzó una brisa. Vi las nubes deslizándose suavemente sobre un cielo inquebrantablemente azul, mientras reflexionaba y oraba durante lo que me pareció un momento. Cuando miré el reloj, había pasado más de una hora.

El día anterior no había visto a Andrés y me inquietaba que pasase otro día sin verlo. Tampoco tenía noticias de Rebeca y la falta de información me preocupaba.

Fui a la iglesia. Estaba desierta, como esperaba y deseaba. La luz era apacible. Me acerqué al altar y, muy cerca de la cruz que lo preside, me arrodillé. ¿Cuántas veces me había arro-

218 CADÁVER DE IMPECABLE APARIENCIA

dillado en los últimos días? Y la verdadera y trascendental pregunta: ¿por qué no había hecho lo mismo en los últimos años? «No podemos cambiar los errores que el pasado ha convertido en piedra —me diría Andrés—, pero podemos cambiar el presente para tener un mejor futuro».

Oré y oré... Y después volví a orar. Juraría que habían transcurrido diez minutos, pero el reloj se empeñaba en decirme que habían pasado dos horas, y el entumecimiento de mis piernas y el dolor en mis rodillas lo confirmaban.

Probablemente, habría seguido más tiempo de no ser por el aleteo seco que me distrajo. Sobre mí, concretamente sobre mi cabeza, la paloma blanca batía sus alas, como reclamando mi mirada, como empeñada en que mirase hacia arriba... En que alzase la vista.

Al dirigirme a la puerta, vi que estaba cerrada, lo mismo que los cuatro ventanales con vidrieras de colores. Pero aun cuando los ventanales hubieran estado abiertos, el ave no habría podido entrar por ellos, pues por la parte exterior estaban protegidos por un tupido enrejado.

¿Por dónde había entrado aquella paloma? No tenía respuesta, solo otra pregunta: ¿adónde había entrado? ¿Al templo o más bien a mi corazón?

De regreso a casa mi teléfono sonó. La pantalla anunciaba que era una llamada de Andrés. Detuve el coche en el arcén para atenderlo.

—¿Podrías venir ahora?

No le interrogué sobre la razón de tanta urgencia, simplemente giré en la próxima rotonda y enfilé hacia su casa.

Me abrió Querit y me saludó con su habitual y terapéutica sonrisa. Con su mano derecha me invitó a pasar y me condujo a la sala de lectura. La noté excesivamente silenciosa, lo que me inquietó. Se detuvo junto a la puerta de la biblioteca, indicándome que pasase delante.

Apenas hube pisado el umbral de la sala de lectura vi a Rebeca. A su lado derecho estaba Andrés; Querit tomó asiento a la izquierda, mientras señalaba la silla que había frente a mi esposa: el asiento reservado para mí.

Nunca la había visto tan compungida. Nunca. Pero tampoco la vi antes tan segura de su discurso.

—Solo hay una posibilidad de que regrese contigo —pronunció tajante—. ¡Solo una!

La miré con fijeza. La sorpresa no me dejaba articular palabra, pero quise haberle dicho que cualquiera fuese la condición, la aceptaba. Que no me importaba ninguna otra cosa en la vida, sino regresar con ella.

Rebeca hablaba con la firmeza de quien se sabe respaldado por la verdad:

—¿Sabes cuántos días al año paso sola? ¿Sabes cuántas noches llego a casa para compartir mi cena, mi tiempo y mi cama únicamente con la soledad? —hizo silencio, pero solo por espacio de dos segundos. Enseguida reanudó su discurso con redoblada energía—: jamás, pero jamás, se me ocurrió combatir ese silencio con la voz de otro hombre. Nunca di lugar ni tan siquiera al pensamiento de recorrer un paso tomada de una mano que no fuera la tuya. No lo hice tampoco cuando alguien me sonrió con malicia al entregarme esta carta dedicada expresamente —sacudió frente a mí una hoja que yo conocía y casi lo gritó—: ¿la recuerdas? ¿Recuerdas esta carta? ¿Recuerdas la rapidez con que te la mostré en cuanto regresaste de tu viaje?

—La recuerdo —dije muy quedamente—. Claro que la recuerdo, como recuerdo también que no esperaste ni a que saliese del aeropuerto para mostrarme ese escrito: un síntoma claro de tu lealtad.

—No sé de qué habláis —Andrés había asistido a la conversación en un respetuoso silencio, pero en este punto le pareció importante intervenir—: pero si no tenéis inconveniente, me gustaría leer lo que hay escrito en esa hoja.

Aun en medio de su furia, Rebeca tuvo el detalle de pedir mi opinión con su mirada.

—No tengo ningún reparo en que lo lea —le dije—, si tú tampoco lo tienes...

—Pueden leerlo —dijo tendiéndoles la hoja a Querit y Andrés—. Me lo entregó un hombre que acudía con fidelidad a los cultos de nuestra iglesia.

—«Espero que mi escrito no te ofenda —Andrés inició la lectura en voz alta—. Solo quiero que sepas que tengo dos oídos dispuestos a escucharte siempre que lo necesites, dos manos dispuestas a tomar las tuyas para mitigar tu frío y una boca decidida a componer frases que alivien el silencio que sufres. No pretendo nada más que atenuar tu soledad y llenar tus largas horas de espera, pero si hay algo más que desees, gustosamente te lo daré. Se me hace difícil ver que una persona tan rica tenga una compañía tan pobre. En definitiva, aquí estoy para lo que precises y cuando lo precises».

Andrés mostró su disgusto sacudiendo la cabeza a derecha e izquierda.

—De hecho —aclaré—, formaba parte del coro y era una de las mejores voces que teníamos. Cuando hablé con él para hacerle ver lo improcedente de ese mensaje que dirigió a mi mujer, optó por cambiar de iglesia... Creo que fue la vergüenza que sintió. Pienso que nunca imaginó que Rebeca iba a enseñarme la carta.

—Quise romper esa carta —repuso Rebeca—, y si no lo hice fue porque él —me señaló— me pidió que no lo hiciera, que tal vez podríamos usarla en algún seminario de matrimonios o en alguna consejería familiar... ¡Qué ironía! —jamás había visto una sonrisa que destilase tanta tristeza—, nosotros ayudando a otros matrimonios...

—Fue muy acertado que se lo dijeras a David enseguida —opinó Querit, que llevaba largo rato sin hablar—. Sacar todo a la luz es la manera más efectiva de atajar los riesgos.

—Lo que más me duele —lamentó Rebeca con gesto compungido—, es que ese mensaje, aunque es malo en el fondo y en el propósito, dice algunas verdades bastante grandes: es cierto que he padecido soledad, pero en el último tiempo también he sufrido tu indiferencia —me enfocó con fijeza y pude ver dolor en su mirada, pero el acero de días atrás parecía haberse derretido.

—Lo lamento, Rebeca, créeme que lo lamento...

Sin mediar palabra y en un acertado gesto de sabiduría, Querit y Andrés optaron por salir de la habitación. Habían logrado su objetivo: que hablásemos, y ahora era obvio que requeríamos intimidad.

—¿Sabes? —Rebeca adoptó un tono casi tierno—. En estos días he leído muchas veces otra carta... ¿Sabes a cuál me refiero?

Negué con la cabeza, lamentando no poder imaginar a qué misiva se refería. Creí ver un punto de decepción en su gesto.

Se acercó a su bolso y de allí extrajo una hoja cuadriculada que enseguida reconocí.

—¡La carta que te escribí cuando hicimos dos años de pastores en la iglesia!

—Y cinco de casados. Fue el día de nuestro quinto aniversario —percibí un leve dolor en el deje de su habla, como el sutil reproche de que, de nuevo, hubiera antepuesto el ministerio al matrimonio.

Le tendí la mano en silencio, en el mismo silencio con que ella depositó la hoja en mis dedos, y me sumergí en la lectura de aquella misiva:

Amor mío:

¿Cómo te llaman? ¿Pastora? Bueno, no es totalmente justo, pero con frecuencia te exigen que lo seas.

Nunca pretendemos que la esposa del abogado sea abogada, ni se impone sobre la mujer del médico las responsabilidades de una doctora. No se espera de quien unió su vida a un tenor que impregne de notas la atmósfera; pero demasiado a menudo se impone en vosotras una expectativa que ejerce sobre los hombros un peso intolerable.

Finalizado el servicio de la tarde te vi. Tu sonrisa era como un faro entre los bancos de la iglesia. Al mirarme, esa luz me alcanzó hasta casi cegarme y quedé meditando en muchas cosas que hubiera querido decirte.

Amor mío, ¡como desearía que tu existencia pudiera ser normal! Pero cien ojos examinan tu vivir y cien bocas lo comentan. Si estrenas un vestido, es noticia de interés general y tu visita a la peluquería casi figura en la crónica de sociedad. Lo más injusto es que, a menudo, los comentarios se tiñen en un matiz de censura; como si no tuvieras un cuerpo que cubrir o cabello que peinar.

Te ves obligada a medir tus palabras, calcular tus gestos, contener tu enojo, disfrazar tu frustración, cubrir tu desánimo y meditar tus pasos, pues la identidad ineludible te persigue: eres la esposa del pastor.

Pocos papeles en la vida exigen el mismo sacrificio.

Convives con la sensación de compartirme con cientos de personas. Terminado el servicio del domingo, muchos se aproximan para comentar mis palabras o buscar un consejo mientras sus manos estrechan la mía y se posan en mi hombro.

Sé que a veces has sentido tu hombro desamparado y una mirada resbaló por tu mano que anhelaba el calor de otra mano. Pero enseguida retornó la luz a tu mirada. «Lo importante —dijiste— es que él esté feliz, que sea fiel a su llamado, que cumpla su ministerio».

¡Cuántas veces aguardaste con paciencia mi regreso al hogar! El día fue largo y el tiempo discurrió tan quieto que pareció detenerse. Varias veces te derrumbaste en la silla y cerraste los ojos.

Las horas pueden parecer siglos y por momentos el hogar se muda en un encierro. En momentos así recuerdas los días, antes de la suprema decisión, en que había despacho más grande y jornada más pequeña, más salario y menos canas; pero luego sonríes incómoda, presa de sentimientos de culpa por haber añorado esos tiempos.

El reloj del salón emite demasiadas campanadas cuando la puerta se abre. ¡Por fin! Te aproximas a mí con ilusión de novia... pero un solo vistazo es suficiente. Lo sabes bien, mis oídos están tan cargados de confesiones que apenas podrán seguir escuchando. Mis manos, que has tomado entre las tuyas, acariciaron tantas heridas que no tienen ganas de acariciar y mi cabeza tan llena no admite más problemas. Preciso del reposo.

«¿Cómo fue el día?», te pregunto.

«Bien, todo fue muy bien». No me mientes... sólo me amas.

El pasado domingo reparé en tu cabeza inclinada mientras predicaba. Cuando alzaste la vista te miré; creo que nadie más lo percibió, pero mis ojos dibujaron una declaración de amor y de gratitud para ti:

«*Gracias, cariño*», intenté escribir con el pincel de mi mirada. «*Bien sabes que sin ti no podría. En tu sonrisa encuentro alas para visitar la altura y traer agua fresca a la iglesia.*

Gracias porque podrías ser mi lastre, pero eres mi vela.

Pudiéndome atar al valle, me acercas al monte.

Gracias porque, lejos de sellar mis labios, los llenas de mensajes.

Podrías arruinar mi ministerio, pero lo confirmas y engrandeces con tu apoyo.

Gracias por ser compañera, y no adversario; por elegir ser soporte, y no carga. Gracias por respetar mi silencio y retrasar mi encuentro con los problemas cuando me notas cargado.

Tú dibujas un sol en mis noches oscuras e infundes fe en los días inciertos. Eres una ventana al cielo por donde Dios se asoma a mis momentos más duros.

Querida mía, te necesito. Como el velero necesita al viento y el pez al agua.

Sin ti sería un camino equivocado y un proyecto inacabado, porque Dios me llamó, pero tú me ayudas a responderle cada día.

¿Sabes, cariño? Alguien me dijo que detrás de un gran hombre hay una gran mujer, pero tú has decidido no estar detrás, ni tampoco adelantarte. Gracias por estar a mi lado».

Sé que recibiste el mensaje porque una lágrima respondió con luz a mi mirada.

Luego inclinaste de nuevo tu rostro en oración, mientras yo terminaba de predicar.

Cuando alcé la vista del papel, sus ojos se posaron en los míos.

—La he leído mil veces añorando a ese esposo-pastor que me amaba y me buscaba para que hiciera equipo con él en la iglesia —me dijo al borde del llanto—. Echo tanto de menos a ese hombre que tenía temor, pero buscaba a Dios y me buscaba a mí. Añoro tanto esos tiempos de oración en los que juntos pedíamos ayuda. Ahora quien duerme en casa es un profesional del Evangelio, seguro de sí mismo, que es respetado e incluso aclamado —se le secaba la boca y humedeció sus labios con la lengua—. Necesito al de antes... El de ahora no me gusta...

Se formó un charco de silencio entre los dos.

—¿Esa es la condición a la que te referías? —mi voz sonó poco más alta que un susurro.

—Esa es... Mucho más que una condición es una necesidad —dijo—. Necesito al de antes, el que buscaba a Dios, me buscaba a mí y buscaba a los demás. Necesito al siervo de Dios... No al profesional del Evangelio.

Asentí varias veces con la cabeza, antes de decir:

—Quiero volver a ser ese hombre al que describes... Necesito volver a serlo... Necesito a Dios, te necesito a ti —tendí mi mano para tomar la suya y un escalofrío recorrió mi cuerpo, al sentir el tacto cálido de sus dedos en el dorso de mi mano.

No sé cuanto tiempo permanecimos así, con nuestras manos unidas y mirándonos a los ojos. Mi corazón se desbocó, y cuando percibí que mis ojos se anegaban, agaché la cabeza. Mi mano seguía unida a la suya y alcé la mirada al tiempo que Querit y Andrés regresaban a la sala, arroparon con sus manos las nuestras y los dos alzaron una oración. Primero oró ella y después, él. Sentí que esa plegaria suponía el fin de un tiempo y la inauguración de otro nuevo.

No todo estaba alcanzado, casi nada se había logrado todavía, pero era el inicio de un camino destinado a desembocar en la victoria, o al menos eso sentí en mi corazón.

EL PERDÓN: PIEDRA PRINCIPAL EN LA RECONSTRUCCIÓN

—Nos gustaría quedarnos un tiempo a solas con ella —me informó Querit después de la oración— .... O el tiempo que precise —explicó.

—Claro —dije levantándome de la silla—, por supuesto... Se lo agradezco mucho.

—Marisa la quiere mucho y es una buena mujer —aclaró Andrés—, pero el estado de ánimo que ahora tiene y la manera en que esta situación le ha afectado no la convierten en la compañía idónea para Rebeca.

La miré; ella permanecía con la vista clavada en la puntera de sus zapatos. Reparé entonces en que calzaba el conjunto de tacón alto que yo prefería. Estilizaba sus bellas piernas y le confería una elegancia deliciosa al caminar. ¿Sería aquello un detalle de acercamiento? De lo que estaba seguro era de que Rebeca representaba un valioso tesoro que el cielo me había brindado. ¡Lamenté tanto no haberlo sabido cuidar!

—Si quieres ir a casa —volví a decirle—, podrás estar allí sola si lo deseas; yo buscaré otro lugar...

Rebeca miró a Querit e hizo con su cabeza un movimiento de negación casi imperceptible.

—Me encantaría que estuviese con nosotros —dijo con dulzura Querit—. Hay recetas de cocina que quiero que me enseñe; sé que es una gran cocinera —la abrazó al decirlo—. A cambio, yo te enseñaré la receta secreta de mis galletas. Jamás se la di a nadie, pero contigo haré una excepción —rio Querit y logró contagiarnos, incluso Rebeca sonrió.

—Escucha, hijo —repuso Andrés acompañándome a la puerta—, antes de que te vayas déjame decirte: el amor, en su dimensión humana, se rige por dos leyes: la de amar a los otros y la de eliminar en nosotros lo que impida que otros nos amen. Es clave ejercitarnos en la segunda, en buscar convertirnos en amables, que no es otra cosa que dignos de ser amados.

Lo observaba y escuchaba con atención redoblada. Entendía bien lo que me decía, pero no estaba seguro de comprender el propósito de sus palabras. Creo que se dio cuenta, pues prosiguió:

—Una de las maneras más efectivas de lograr que otros nos amen es profesarnos nosotros el amor que merecemos

—era obvio que el mensaje apuntaba directamente a mí, lo mismo que su mirada—. El precepto cristiano es amar a los demás como a nosotros; si desaparece este segundo, se queda el otro sin modelo. ¡Si uno no se ama, cómo va a amar a nadie!

—No estoy seguro de comprenderlo totalmente —confesé.

—El melancólico, y tú lo eres —concretó—, suele padecer una pérdida de su propio respeto, o sea, una pérdida del amor propio que provoca la agresividad contra sí mismo. Esa autoflagelación lo hace sufrir, pero como daño colateral añade un exceso de aprecio a los elogios y parabienes que recibe, y cuando la fuente del aprecio es alguien del sexo opuesto se complica la cosa, porque es fácil confundir amabilidad con amor y un elogio con una declaración de intenso afecto —reforzó la intensidad de su mirada para recordarme—: debes cuidarte, hijo, debes amarte..., y no se me ocurre mejor forma que llenarte del amor de Dios hasta que reboses.

—Observo que me conoce bien —repliqué, admirado y aunque adivinaba la respuesta quise preguntar—: ¿cuál es la manera más efectiva para llenarme de su amor?

—Cuando te sientas bien, ora; cuando te sientas mal, ora; en todo tiempo, ora. Es el cauce por el que llega Su amor.

Ese día no habló más.

Le dije que continuara, pero negó con la cabeza insistiendo en que debía centrarme en todo lo que había escuchado, de forma especial en lo que Rebeca me había transmitido. Yo sabía cuán taxativo era en sus decisiones y no osé contradecirlo.

Quedaron ambos con ella y yo regresé a casa con una mezcla de sensaciones entre las que prevalecía la esperanza.

EL PERFECTO ANTÍDOTO

Esa misma noche, ya bien tarde, me llamó Andrés.

—Supuse —me dijo— que querrías saber cómo se siente Rebeca y qué tal nos fue en la conversación con ella.

—Gracias por llamar —le dije—, no imagina qué necesidad tengo de saberlo.

—Bueno, cuando te marchaste...

A partir de ahí relató, con todo lujo de detalles, cómo discurrieron los acontecimientos: apenas hube abandonado la sala de lectura, Rebeca rompió a llorar y Querit, acercándose a ella, la abrazó. La dejaron desahogarse, pues lo necesitaba. Era obvio que Marisa, con buena intención, pero totalmente errada, había intoxicado a Rebeca, haciéndole ingerir altas dosis de rencor y pesimismo. Lloró durante al menos diez minutos, al cabo de los cuales pareció sentirse más tranquila.

—Era el momento —me dijo Andrés— de comenzar a inocular el perfecto antídoto contra el rencor.

Así lo hizo, diciéndole: «Hija, David está absolutamente arrepentido. Debes perdonarlo, no solo por él, sino por ti... Por tu bien. El perdón es algo raro; da calor al corazón y enfría el dolor. Dios es amor y el amor es perdón. La esencia de la divinidad no está en la Omnipotencia, ni en la eternidad, ni en la inmutabilidad».

—Andrés —le dije—, esas frases son un bálsamo para mí. Gracias por permitirme escucharlas.

—Hijo, esa es la verdad más esencial. Es el corazón de la teología —afirmó—. Su esencia está en la Gracia. Gracia es recibir lo que no merecemos. Si fuéramos conscientes de nuestro pecado sin ser conscientes de Su Gracia, nos volveríamos locos. Pero también es Su Gracia lo que revela nuestro pecado, para que no seamos hipócritas.

Me relató a continuación que Querit, con enorme empatía, añadió: «A veces, buscarás respuestas insondables que no te serán dadas. A veces, escogemos un mal camino para llegar a un buen sitio». «¿A qué se refiere?», —quiso saber Rebeca—. «Me refiero —aclaró Querit— a que sé que necesitas que David sea consciente del alcance del daño que hizo, pero no tomes un atajo equivocado. No te atribuyas el trabajo que le corresponde al Espíritu Santo. Él lo está haciendo: el Espíritu Santo está trabajando en David mostrándole la dimensión del dolor causado y la manera de restituirlo, no tengas la menor duda».

«Cuando uno provoca lluvia, debe aguantarse con el barro», afirmó Rebeca aún ofendida. «Es cierto —admitió Andrés—, pero confiamos en la Gracia del Sol que hace que el barro seque y de nuevo se vuelva transitable».

Me dijo Andrés que en ese punto se aproximó a una estantería para tomar uno de sus escritos favoritos del doctor R. C. Sproul. «Escucha, hija —le dijo, y leyó—: "La respuesta a la culpa siempre es el perdón. Lo único que conozco que puede curar una culpa real es el perdón real"».

«Siento que mi pasado es un fraude —lamentó Rebeca—; al perder la confianza en mi marido me da la impresión de que todo el pasado ha sido una ilusión».

«No es así —aseguró Andrés—. No confundas una caída puntual con una práctica habitual. No confundas un error con una trayectoria. Mira hacia adelante, porque un poco de mañana compensa una enorme porción de ayer».

«No seas lo que te hicieron —le pidió Querit—. Eres mucho más que un mal recuerdo».

Me relató Andrés, entonces, que esbozó Rebeca una sonrisa tímida y casi imperceptible, pero que por la manera feroz en que en los últimos días había administrado su sonrisa, no pasó desapercibida para ninguno.

«¡Me alegra verte sonreír! —Querit casi lo gritó—. Amo la sonrisa. Siempre digo que cuesta poco, pero vale mucho; dura un parpadeo y a veces su efecto sirve para toda la vida. La necesitan hasta los más ricos y la pueden ofrecer hasta los más pobres —abrazó a Rebeca mientras le pedía—: sonríe, por favor, que la sonrisa es un don del Altísimo; no se puede prestar ni comprar ni robar: se regala. No te olvides nunca de sonreír, aunque te parezca imposible hacerlo».

«Y ante la sorpresa de tu esposa —me explicó Andrés—, Querit, con dos dedos puestos en las comisuras de los labios de Rebeca tiró de ellos hacia arriba riendo —y liberó él mismo una carcajada al contármelo—. Créeme, David, cuando Querit quiere, su risa es completamente contagiosa. Rio allí de tal manera que hizo a Rebeca reír. ¡Hasta se tapaba la risa con la mano!»

AMIGOS: GRUPO G.A.S.

No sabría precisar cuánto tiempo transcurrió, pero fue el suficiente como para que pudiera asimilar cada uno de los acontecimientos vividos. Sopesando los errores, valorando los aciertos.

Durante las últimas semanas, Querit y Andrés se habían centrado en ayudar a Rebeca en su restauración emocional y espiritual. Si bien habíamos mantenido alguna conversación telefónica, él insistió en que utilizase ese tiempo para buscar a Dios quietamente y también profundamente. Así lo hice y el resultado fue maravilloso, pero eso no impidió que añorase ferozmente a Rebeca, y también las reuniones con Andrés.

Por fin, esa mañana iba a verlo de nuevo.

Caminaba hacia su casa inmerso en un sentimiento de enorme gratitud hacia mi maestro. Pero no era ese título, el de maestro, ni tampoco el oficio de mentor lo que profesaba hacia él. Sentía un afecto tan íntimo y una gratitud tan intensa que no podía verlo de otro modo que como a un padre. Me descubrí caminando muy deprisa. Quedaban lejos esos días en los que arrastraba mis pies y tras ellos mi alma. Esa mañana volaba como quien en tiempos de tempestad corre hacia un padre muy amoroso y encuentra sus brazos abiertos y las palabras justas que acercan la paz. Él, ahora lo veía claro, había intentado mostrármelo cada día: «Hijo —me decía insistentemente—. Escúchame, hijo...».

Así me saludó desde el jardín al verme ese día:

—¡Bienvenido, hijo!

—¡Hola, Andrés, qué alegría verlo! —me acerqué para abrazarlo—. ¿Cómo se siente?

—Aquí, revisando un poco estas plantas —tenía puestos unos guantes de cuero para revisar los rosales sin herirse con las púas—. ¿Qué te parece si me esperas en el cuarto de lectura? —sugirió—. Enseguida iré.

—No tenga prisa —le dije—. Allí estaré; me fascina revisar sus libros.

La puerta de la sala de lectura estaba abierta y me sorprendió ver allí adentro a dos personas que, de espaldas a la entrada, miraban con curiosidad los estantes: tomaban un volumen, lo hojeaban y volvían a dejarlo para revisar otro libro.

Tan embebidos estaban en su labor que no me escucharon llegar. ¿Quién podría tener permiso para estar allí a solas?

Pensé que ese privilegio era exclusiva mía. Me da pudor reconocerlo, pero debo admitir que un sentimiento rayano en los celos logró abrirse camino dentro de mí.

—¡Buenos días! —opté por decir al ver que no se distraían de su actividad.

Fue al girarse que me llevé una de las más grandes sorpresas de mi vida.

Aquel cabello rizado, abundante y peinado hacia atrás... Estaba ahora matizado por pinceladas blancas, pero la mirada era inconfundible: de iris melado y que proyectaba determinación y confianza...

—¡Rubén! —corrí y lo abracé para, enseguida, fijarme en la otra persona. Fue la sonrisa y la manera en que se apartó el cabello lacio que caía sobre su frente lo que lo delataron—. ¡Samuel, amigo! ¡Qué alegría verte!

El abrazo que los tres nos dimos fue inmenso, sincero, inacabable...

—Veo que ya os habéis encontrado —Andrés, desde la puerta, había asistido al emotivo reencuentro.

Mientras nuestro maestro se aproximaba, recordé aquel momento en que, casi como una premonición, nos habló: «Samuel —le dijo—, David tiene eso que a ti te falta. David —me miró con intensidad—, a tu amigo Samuel le sobra eso de lo que tú adoleces».

Miré ahora a Rubén intentando recordar el tiempo que llevábamos sin vernos: tal vez veinte años. Demasiado tiempo sin cultivar una amistad.

—¿A qué te dedicas? —le pregunté.

—Al ministerio de sostener la taza.

—¿Perdón?

—¡Sostener la taza! —rio—, ¿acaso no recuerdas aquella tarde, en esta misma casa, cuando sostuve tu brazo con la taza de café?

—¡Claro! —lo evoqué de pronto—. ¡Creo que todavía me duele! —toqué mi antebrazo derecho— y ¡aún dolió más mi autoestima! ¡Qué ridículo me sentí con la taza en el aire!

—Pero qué lección más grande nos ayudaste a memorizar a todos —agradeció Rubén palmeando mi espalda—. Ahora ayudo a mi pastor en lo que puedo, y cuando me parece insignificante lo que hago, recuerdo ese momento en que sostuve tu brazo y me parece volver a escuchar a Querit diciéndonos: «A veces Dios nos envía a servir a un lugar donde la recompensa será pequeña y el prestigio más pequeño todavía, pero si estamos en el centro de la voluntad de Dios, seremos felices».

—¿Y eres feliz en ese ministerio?

—Lo soy —afirmó—, aunque mi ministerio principal y el que más felicidad me produce es ser marido de una impresionante mujer y padre de dos criaturas bellísimas.

Querit había llegado en ese momento y arrancó de nosotros un aplauso espontáneo al inundar el cuarto con el aroma de sus inimitables galletas.

—¡Ahora sí que estamos reviviendo nuestro tiempo de estudiantes! —exclamó Samuel.

—No pude evitar escuchar las declaraciones de Rubén —confesó Querit—. De hecho, me detuve en el pasillo para no interrumpir su hermoso discurso. Creo que la Iglesia, y en general el mundo, precisan de personas dispuestas a aceptar ese hermoso ministerio: sostener los brazos que están cansados —apreciando nuestra atención, continuó—, hace falta sencillez en el ministerio. No necesitamos astros rutilantes, sino sencillas luces que nos ayuden a disipar las sombras —depositó las galletas en el centro de la mesa y nos miró—. ¿Quién deja huellas permanentes? Me refiero a esas que no se generan por modas. No hablo de estrellas fugaces, sino de cambios que llegan para quedarse: una persona que sea libre sin ser rica; fuerte, sin ser petulante; heroica, sin tener que morir; solidaria, sin estar vigilada; superior, sin ser cruel; íntegra, sin que nadie la observe.

Un poquito azorada, tomó el plato de galletas y fue aproximándolo a cada uno de nosotros.

—Perdón por haberos sermoneado —se disculpó invitándonos a tomar una galleta.

—Ha sido muy bueno e importante lo que nos ha dicho, gracias Querit —afirmé con toda sinceridad.

—David —Samuel me enfocó con una sonrisa limpia—. Tú me tendiste la mano cuando estaba caído.

Lo miré sorprendido. Me daba vergüenza reconocerlo, pero no tenía ni idea de a qué estaba refiriéndose. Fue evidente que Samuel detectó mi desconcierto, pero con suma elegancia evitó poner de manifiesto mi despiste y relató el episodio:

—La primera iglesia en la que ejercí como pastor no funcionó como esperaba —rectificó—: seguramente fui yo quien no actuó como debía; temo que regañaba mucho y elogiaba poco; les exigía siempre y no agradecía nunca... En fin, cosas de quien llega a una parroquia con un certificado de estudios bien enmarcado, pero con escaso sentido de la paternidad espiritual. Lo cierto es que lejos de crecer, la iglesia decrecía. Cada vez eran menos los que llegaban y estos cada vez con peor ánimo. La situación me producía mucho decaimiento, pero a Carmen, mi esposa, ese trance la desbordaba. Movida por la ilusión y por una enorme responsabilidad hacia la iglesia, ella había dejado un trabajo de buen nivel y alta remuneración con el fin de ayudarme en el ministerio. Luego, con el templo casi vacío y cerrada toda opción de que Carmen regresara a su antiguo empleo, el Consejo de la iglesia nos comunicó nuestro cese.

A medida que Samuel relataba la historia yo iba rememorando el momento. Ahora recordaba aquella etapa tan difícil en la vida de mi amigo.

—Nuestro hijo, ¿conoces a Daniel, verdad?

—Lo recuerdo —le dije—, un chico brillante, con una inteligencia increíble.

—Tal vez recuerdes entonces que en aquel momento en que nos cesaron del pastorado, él tenía dieciséis años —guardó un momento de silencio, como reviviendo aquel instante—.

Daniel siempre llevó mal que su padre los abandonara —mientras Samuel relataba el caso, recordé que la esposa de mi amigo era bastante mayor que él y que cuando se conocieron ya era madre de Daniel. Tuvo a su hijo de una relación anterior y luego el padre los abandonó—, pero la relación entre Daniel y yo siempre ha sido perfecta, es mi hijo en todo el sentido de la palabra. Pero que su padre biológico los dejara, siendo un cristiano que parecía comprometido, nunca lo llegó a encajar bien. Luego, el nuevo golpe, cuando la iglesia me cesa y la iglesia muestra una actitud tan fría, hizo que su decepción resucitase multiplicada. Se enfadó muchísimo, pero lo peor es que imputó a Dios el duro y frío trato que nos dio la iglesia; ya sabes, ellos gestionan estas cosas de manera diferente a como nosotros lo hacemos. Debido a eso se negó a acudir con nosotros al nuevo lugar donde nos congregábamos, ya solo como miembros. Entró en una rebeldía que nos costó ríos de lágrimas —de nuevo detuvo su relato y respiró hondo. Una pátina de humedad había acudido a sus ojos—. Comenzó a frecuentar compañías nada convenientes, pero cuando intentábamos reconvenirle sobre sus amistades, entraba en cólera y nos gritaba: «¿Que no me convienen estos amigos? ¿Entonces qué amigos queréis que tenga? ¿Los de la iglesia? ¿Esos sí son buenos? Os exprimen como si fuéseis limones y os tiran luego a la calle... ¿Esos sí son buenos?»

Samuel había pronunciado las últimas palabras con un hilo de voz, como si se hubiera ido quedando sin aire; parecían habérsele escapado las fuerzas, al punto que creí que sería incapaz de llegar al final. Respiró hondo y se pasó las manos por los ojos como si deseara secarse unas lágrimas que no existían.

—Recuerdo que una noche llegó tarde y mareado, como si hubiese tomado algo que lo dejó un poco atontado. Al recriminarle la hora a la que llegó, se enfureció y se cerró en el baño. Revisamos entonces su bolsa, que había dejado en el salón y encontramos marihuana. Fue la noche que te llamé pidiendo ayuda, David. No lo dudaste ni un instante; me dijiste que podías acercarte a mi casa o yo ir a la tuya; que estabas para lo que necesitase. Viajabas al día siguiente, pero no te importó estar con nosotros.

—Lamento que no pude daros todo el tiempo que precisábais...

—¿Que no nos diste el tiempo necesario? —Samuel movió su cabeza a derecha e izquierda—. Estuviste con nosotros hasta las tres de la madrugada. ¿No lo recuerdas? Tú debías estar en el aeropuerto a las nueve de la mañana siguiente, pero nos acompañaste, hablaste con nosotros, terminaste jugando videojuegos con Daniel. Cuando te marchaste, nuestro hijo nos dijo: «¡Ese hombre sí me convence!»

—Gracias por decirme eso —agaché la cabeza. Sus palabras me habían conmovido.

—Luego —prosiguió Samuel—, desde el otro lado del océano me llamaste para saber cómo estaba... Aun desde lejos me arropaste, me abrigaste en la fría noche del alma. Sé que eres un extraordinario pastor y un gran conferenciante, pero el ministerio en el que Dios te usó conmigo fue «el ministerio de la presencia». Algunas personas nacieron para ayudar a crecer a otras, y conmigo tú lo demostraste.

Yo lo había olvidado todo, absolutamente todo... Pero aquello estaba fresco en la mente de Samuel. Las palabras de C. S. Lewis vinieron a mi mente: «Un amigo es alguien que conoce la canción de tu corazón y puede cantarla cuando a ti ya se te ha olvidado la letra».

—No recordarán lo que hiciste —dijo Andrés, quien también estaba conmovido por el relato de Samuel—, ni siquiera lo que les dijiste, pero recordarán que estuviste. Eso se llama «el ministerio de la presencia».

—David, yo coincido con lo que dice Samuel —era Rubén quien hablaba—. Recuerdo —indicó Rubén— que usted, Andrés, nos dijo algo que nunca he olvidado: «Cuando vayas subiendo trata bien a quienes adelantes en el camino, porque te cruzarás con ellos cuando desciendas». Fuiste cercano en tu ascenso, David, y ahora estamos aquí para lo que necesites —estiró su mano con la palma hacia mí, para hacerla chocar con la mía—. Estoy aquí. ¡Sé que volverás a volar! Volarás muy alto, pero ya nunca lo harás solo.

—¿De verdad crees que volveré a volar? —mi vena melancólica tendía al fatalismo—. Creo que nunca recuperaré las fuerzas para alzar el vuelo...

—Nunca digas nunca —Andrés lo dijo mientras, con enorme esfuerzo, se incorporaba de su silla hasta quedar totalmente vertical sobre ambas piernas—. Nunca digas nunca —repitió a la vez que, apoyado en la silla lograba arrastrar sus pies hasta la estantería.

Los tres nos pusimos en pie y fuimos hacia él, convencidos de que tendríamos que levantarlo del suelo. Ante nuestros ojos, llegó al punto del estante que quería y de allí tomó una Biblia. Apoyado con su mano derecha en la estantería y con la izquierda sobre el brazo de su silla, la alcanzó y leyó:

—*Dios está obrando entre ustedes. Él despierta en ustedes el deseo de hacer lo que a Él le agrada y les da el poder para hacerlo*[36]. No digas que nunca volverás a alzar el vuelo. Dios ha previsto para ti limpios cielos de libertad. Los surcarás y marcarás la ruta para otros muchos.

—Pero... —seguía en mi posición fatalista—, ¡es que siempre tuerzo los resultados!

—¡Nunca digas siempre! —espetó mientras retornaba a su asiento.

---

36 Filipenses 2:13 (PDT)

Aproximó su silla a nosotros y los cuatro quedamos sentados en una disposición algo parecida a un círculo.

—Escucha hijo —comenzó a decirme Andrés—: ellos son las dos personas a las que me referí el otro día como candidatos a acompañarnos y conformar juntos el grupo G.A.S. Por descontado que yo no les he referido absolutamente nada de lo que nos ha ocupado en nuestras recientes conversaciones. Eres tú quien debe hacerlo si lo deseas, y por supuesto que no tienes que entrar en ningún detalle con el que no te sientas cómodo —hizo una pausa y apoyó su mano derecha en mi hombro para decirme—: para tu tranquilidad, tanto Rubén como Samuel me han garantizado ser absolutamente discretos y confiables con toda la información que aquí reciban. Lo que hablamos aquí, queda, solo y absolutamente, aquí.

Comencé la narración de los hechos remontándome a los comienzos de lo que, en mis cavilaciones de los últimos días, había detectado como el principio de mi caída: cuando la iglesia creció me recomendaron contratar a un pastor asistente, pero yo insistí en que, en vez de un pastor, la iglesia incorporase a una secretaria para mi apoyo personal. Hoy veo claramente que eso fue una trampa urdida con astucia y en la que caí por una mezcla de ingenuidad e irresponsabilidad. Creo completamente en la necesidad que la iglesia tiene de secretarios o secretarias, ¡por supuesto! Hay áreas administrativas que precisan de orden y atención. Pero nuestra iglesia no tenía presupuesto para contratar a un pastor asistente y a alguien que nos apoyase con las tareas administrativas, y yo di prioridad a lo administrativo frente a lo espiritual. Preferí invertir en papeles, antes que en almas; y en burocracia, más que en eternidades.

Ellos me escuchaban con atención, valorando cada detalle que incorporaba. En este punto Rubén intervino:

—Por lo que cuentas, David, no se te puede acusar de otra cosa que de un errado orden de prioridades.

—Sí —admití—. Así fue al principio. Pero esas prioridades equivocadas se reflejaban en las demás áreas de mi vida y ministerio: daba mucho más tiempo a la organización que a la adoración. Mi tiempo devocional se convirtió en tiempo de proyectar y la oración fue suplantada por la planificación. Toneladas de organización y migajas de oración. Una agenda infinita y un mínimo altar.

—Eso huele a desastre —anticipó Samuel.

—Y a muerte —añadí—. Huele a muerte. Con la tensión y el estrés por las nubes y mis defensas espirituales y emocionales bajo mínimos, yo era extremadamente vulnerable —los miré con intensidad y percibí el deseo genuino de que ellos no fueran afectados nunca por el mal del que yo adolecí—. Amigos, el diablo no es malo... El diablo es cruel. Con astucia y habilidad, fue fraguando un plan que tenía como objetivo destruirme. No tuvo prisa por hacerlo. Se enfocó en la calidad más que en la velocidad. Lo primero fue que permití que la sonrisa y los elogios de mi asistente femenina derrumbaran áreas esenciales de mi vida. Dos cosas hoy comprendo: priorizaba la administración sobre la adoración y, mientras que un pastor asistente habría sido un freno para mis apetitos y un muro de contención para el embate del enemigo, la presencia femenina me «inspiraba» —les miré uno por uno antes de concluir—. El diablo trabaja con guantes de seda.

Detuve un instante mi relato para ordenar las ideas. De nuevo fui consciente de que al enumerar mis errores tenía la clara intención de vacunarles a ellos para que no sufrieran lo mismo. Convencido de que esa confesión no solo era buena para mí, también lo era para mis amigos, reanudé mi discurso:

—Juro que no pensaba ser infiel, amo a Rebeca con todo el corazón, pero fui terriblemente imprudente; debí haberme dado cuenta de que junto a aquella asistente administrativa me sentía demasiado confortable. Pasábamos mucho tiempo a solas y eso nunca debí haberlo hecho. Ella me elogiaba, me sonreía, y sin ella pretenderlo... —de nuevo detuve mi disertación para aclarar este punto. No quería perjudicar a quien fue mi secretaria, por eso ni siquiera mencioné su nombre—. Ella no tenía la más mínima intención de perturbarme. Esa mujer era íntegra y jamás habría tolerado ni por asomo una coquetería. ¿Me entendéis?

—Te entendemos —afirmó Rubén.

—No había problema en ella —aclaró también Andrés—. Era en ti donde estaba la flaqueza.

—Fui yo —corroboré— quien distorsionó lo que solo era un ejercicio de profesionalidad. Me sentía halagado en exceso por la solicitud con que me atendía. Ella era efectiva y eficiente porque lo hacía para Dios. Yo, sin embargo, comencé a malinterpretar sus atenciones. Eso, sin más, debió haber sido suficiente para parar, analizar mis emociones y solicitar ayuda. Pero lo ignoré.

—Ese punto tumbó tus defensas y te preparó para el desastre futuro —vaticinó Andrés.

—Así fue, sin duda alguna. Con ella jamás ocurrió nada. Ni lo más mínimo. Pero las raíces de la secuoya ya estaban dañadas.

—¿La secuoya? —interrogó Samuel.

—Eso es una interesante metáfora que luego os contaremos —medió nuestro maestro.

—Más adelante, cuando llegó el huracán Virginia —apreté mis labios hasta formar con ellos una linea recta— mis deficientes raíces no pudieron soportar el embate y llegó mi desplome.

A partir de ahí, fui detallando los diversos acontecimientos que con el discurrir del tiempo se dieron. No me reservé ningún evento relevante. Siempre me ocurría y no fue diferente en este caso. Cuando llegué al punto álgido, mis emociones se quebraron y terminé en lágrimas e incapaz de mantener mi cabeza en alto.

—Bueno... ya está bien —dije agitando las manos en lo que era un intento estéril por disipar el pasado. Estaba más alterado que nunca y había comenzado a respirar trabajosamente.

—David, estamos contigo —concluyó Rubén poniendo su brazo sobre mi espalda—. Creemos en ti y sabemos que Dios tiene aún muchas líneas que escribir en el libro de tu vida. No permitas que los errores del pasado bloqueen los aciertos que hay en tu futuro.

—Hace más ruido un árbol que cae que todo un bosque creciendo en silencio —dijo Samuel—, pero yo tomaré ejemplo de los que callados crecen e intentaré brindar mi ayuda a aquellos que cayeron. David, volverás a cobijar a muchos bajo tu sombra.

—Y muchos encontrarán jugoso fruto entre tus ramas —añadió nuestro maestro.

La atmósfera que se había creado era solemne y hasta sagrada. Andrés, con su fino olfato espiritual, supo aprovechar ese momento:

—Lo que acaba de ocurrir aquí no es otra cosa que lo que el apóstol Santiago sugiere en su carta: *Confiésense los pecados unos a otros y oren los unos por los otros, para que sean sanados. La oración ferviente de una persona justa tiene mucho poder y da resultados maravillosos*[37]. Has sido valiente en tu confesión, David —me dijo—. Ahora oraremos por ti, y unos por otros, para alcanzar la sanidad prometida.

---

37 Santiago 5:16 (NTV)

242 CADÁVER DE IMPECABLE APARIENCIA

Andrés nos condujo en un tiempo de oración que supuso una experiencia sublime. En aquel cuarto había aroma de cielo. Esos minutos sagrados sellaron de manera definitiva los lazos de unidad entre nosotros. Nos sentimos vinculados; ligados con hilo de oro. Era el principio de una sociedad espiritual que nos brindaría seguridad, cuidado y fortaleza. Concluido aquel tiempo de oración, Andrés quiso sentar unas bases:

—Siempre admiré a Michael Jordan. Probablemente ha sido el mejor jugador de baloncesto de todos los tiempos. Su técnica era impecable; lo llamaban «el Águila de la Cancha» porque dicen que literalmente volaba cuando iba a encestar —con sus manos imitó el lanzamiento del balón a la canasta—. Se caracterizó también por una buena oratoria mediante la que regalaba frases para el recuerdo. Viene a mi mente ahora una de ellas: «El talento gana partidos, el trabajo en equipo y la inteligencia ganan campeonatos». Pero me interesa más aún lo que la Biblia dice en el capítulo cuarto de la primera carta de Pedro: *Dios, de su gran variedad de dones espirituales, les ha dado un don a cada uno de ustedes. Úsenlos bien para servirse los unos a los otros*[38]. Nadie es bueno en todo: tú me necesitas —había señalado a Samuel— y yo te necesito. Nadie tiene todos los talentos. No hay personas perfectas que puedan decirle al mundo: «No necesito a nadie». Nos necesitamos los unos a los otros. ¡Fuimos hechos para trabajar en equipo! Juntos somos mejores.

Nos observó uno por uno. Había sincera admiración en su mirada. De pronto, sentí que habíamos regresado al aula del seminario. La atmósfera era idéntica, lo mismo que el brillo de su voz y la pasión que imprimía a sus palabras. Algunas evidencias lo desmentían, pero pareciera que el tiempo se hubiese congelado en aquella sencilla aula con vistas a un cuidado jardín.

---

38 1 Pedro 4:10 (NTV)

En las manchas y arrugas que surcaban su rostro, se denotaba el paso del tiempo. Su escaso cabello ya casi había desaparecido por completo, pero la fe y determinación de Andrés seguían intactas.

—Esta es una clave del éxito —continuó diciendo—: construye tus fortalezas hasta que tus debilidades se vuelvan irrelevantes. Cada persona exitosa hace esto: trabaja en lo que es bueno y busca hacerlo cada vez mejor, porque aportar olor fragante no se improvisa, se aprende. Hay una segunda regla del éxito: haz equipo con personas que sean buenas en lo que tú no eres bueno. La fuerza de un soldado reside en el guerrero junto a quien pelea. Asóciate con personas que te complementen. Si tenéis el privilegio de contar con otra mano en la vuestra y otro corazón que lata junto al tuyo, acompasa tu latido al de tu compañero. Quien viaja solo llega antes, pero quien viaja acompañado llega más lejos. La fuerza del equipo viene de cada miembro, y la fuerza de cada miembro es el equipo. Todos tienen algo que contribuir; nadie lo tiene todo resuelto; nos necesitamos.

Para mí, que me sentía aliquebrado y desmerecedor de casi todo, la compañía que disfrutaba y las palabras que oía eran bálsamo redentor.

Andrés fue al meollo de su discurso:

—Hay un antiguo proverbio etíope que dice: «Cuando las arañas tejen juntas, pueden atar a un león». Por eso he provocado este encuentro: para proponeros que juntos tejamos una unidad impenetrable. Lo que os pido es algo más allá de un acuerdo romántico y fraternal. Se trata de que deis al otro poder para aproximarse a vuestra vida. Poder de aproximación, no de intromisión; ¿me entendéis? —no prosiguió su relato hasta que los tres asentimos con la cabeza—. Es tiempo de desenmascarar al diablo y, en este objetivo, la unidad hace la fuerza. Como líder, es necesario otorgar poder

244 CADÁVER DE IMPECABLE APARIENCIA

a otros. El líder que no otorga poderes construye barreras. Sed humildes para reconocer que no lo sabéis todo; sed valientes para compartir con otros lo que sí sabéis. Sois un equipo y por eso la diversidad es un don, y no una amenaza.

Nos separamos ese día con la promesa de seguir reuniéndonos y con auténticos deseos de hacerlo muy pronto.

Anochecía mientras regresaba a casa y lo hice caminando lentamente. Respiré profundo sintiendo que, por fin, era paz lo que inhalaba.

No me resultó extraño el aleteo que escuché a mi espalda. En realidad, me habría preocupado no oírlo, porque ese sonido había pasado a formar parte de la banda sonora de mi vida.

La noche caía. Y la temperatura. Desde la tierra ascendía una perfumada humedad.

Al frente, el perfil del hogar se recortaba sobre el cielo nocturno. Sí, porque no era ya casa... Volvía a ser hogar.

Me detuve para apreciar, emocionado, la luz que había tras los cristales.

Las ventanas vertían al jardín el anuncio de que no era soledad lo que me aguardaba tras la puerta.

DIECIOCHO MESES DESPÚES

La presión es tanta que incluso dificulta su respiración. En un intento de aliviarla introduce dos dedos tras el nudo de la corbata, sacudiéndolo a derecha e izquierda. Estrés en estado puro. Saca el pañuelo de su bolsillo para secarse las palmas de las manos que parecen fluir agua y entonces percibe el ostensible temblor que las sacude. Al ponerse en pie, las introduce en los bolsillos para evitar que, viéndolas agitarse, alguien le achaque un parkinson avanzado.

Cierra sus ojos y rememora las horas previas: el domingo se inició con una mañana tan radiante que se lanzó sin vacilar a ella. Decidió ir a la laguna próxima a su casa para ver cómo nidificaban los estorninos. Se detuvo a tomar un café en un bar del trayecto. El sol, jugoso y sonriente, acariciaba su rostro mientras lo bebía.

Todo era sosiego en ese instante.

Ahora tiembla.

Una mezcla de sensaciones lo agita: temor, expectación, gratitud... Pero todavía con los ojos cerrados, inspira profundamente y confirma que sobre todas las demás emociones prevalece una: la paz.

Percibe la sonrisa de Dios como una inyección de calma en su sistema nervioso central. Siente a Dios amigo y eso dulcifica la sensación del momento.

¿Dijeron su nombre?

Ella, sonriente junto a él, le da un leve toque con el codo y con un sutil movimiento de cabeza señala al púlpito. «Cariño, ya te llamaron —le dice—. ¡Es tu turno! ¡Ánimo; Dios está contigo!»

Sube con paso lento pero firme, intentando proyectar una serenidad que no siente. Siguiendo su costumbre, se agarra con fuerza a ambos lados del atril: una manera de disimular los espasmos que percibe en sus brazos. Es casi inmediato: recibir amor y comprensión a través de los ojos que lo miran inocula un sosiego instantáneo. Las sonrisas que desde abajo le dedican obran como un vigorizante abrazo.

Mira a los miembros del Consejo de la iglesia y se siente amado... Conocen la circunstancia que lo mantuvo al margen del ministerio durante casi dos años, pero siguen a su lado. Ni un instante lo dejaron... Lejos de juzgarlo, lo ayudaron.

Quiere hablar, pero le cuesta; no es ya nerviosismo, sino pura emoción. Pasea su mirada por el auditorio y encuentra la de Samuel que le sonríe. A su lado está Rubén, quien asiente con la cabeza y alza el dedo pulgar de su mano derecha. No lejos de ellos, visualiza a Andrés; su silla, pegada al extremo del banco, ocupa medio pasillo. Las escasas pinceladas de cabello blanco de su maestro le inspiran sosiego. Tiene la cabeza inclinada, sin duda está orando por él.

Un recuerdo fugaz cruza su mente: «Alguien me preguntó un día —le dijo su maestro— que si no me pesaban las piernas inmóviles. "¿Pesarme? —le respondí—, cuando perdí las piernas descubrí que tenía alas. Jamás hubiera alcanzado con ellas —se golpeó las extremidades tullidas— las cimas que he visitado desde que no puedo caminar"».

Y no solo él voló; sobre esas alas su maestro alzó a muchos.

Sigue recorriendo la sala con la mirada. En una de las últimas filas, casi en un rincón, ve a Marisa. No la buscó, ni siquiera imaginó que acudiera, pero allí está. Por un momento teme descentrarse, pero ella mantiene la mirada y le sonríe, luego asiente con la cabeza con gesto de amistad. David no podrá olvidar el último encuentro, cuando ella trajo a casa los enseres de Rebeca. «Creo que comprendí las cosas —le dijo ese día—. Lo que hiciste estuvo mal, pero he aprendido a no verte como verdugo, sino como víctima. Creo que Dios me hizo mirarte con sus ojos». «Te pido perdón —le dijo él— por haberte defraudado. Siento haberte decepcionado y herido». «Soy yo quien te pide perdón —y David notó sinceridad en las palabras de Marisa—. Quise desenterrar lo que Dios había sepultado. Me equivoqué y lo lamento».

Y finalmente Rebeca; es a ella a la última que mira porque quiere que su imagen quede fresca en la memoria. Ella sonríe y le lanza un beso que se posa sobre su corazón. Entonces sí, con ojos húmedos comienza a predicar:

«Es un texto de la Biblia que me abrazó en este tiempo y me gustaría compartirlo con ustedes, me refiero al salmo treinta y siete, versículo veinticuatro —David se ajusta las gafas de lectura—: *Aun cuando* [el hombre o la mujer] *caiga, no quedará caído, porque el Señor lo tiene de la mano*[39].

»Lo que este versículo indica lo he vivido de manera muy real. Dios proveyó dos prodigiosos salvavidas en el mar que me tragaba: el primero fue Su Gracia —medita un instante antes de continuar—: no me pidan que les explique el milagro de Su Gracia, no puedo explicarla, pero necesito disfrutarla. Su Gracia es como una mano que nos alcanza en el pozo más profundo; una bendita escala que nos alza del abismo. Es hilo de oro que sutura nuestra herida y alas que nos conducen al taller del Artesano, donde Él convierte ruinas en obras de arte y restaura la vasija quebrada.

»Ante un mar de culpabilidad, Él extiende mil océanos de gracia. No hay pecado, por horrendo y vergonzoso que sea, que resista el agua del arrepentimiento y el poder de la sangre de Jesús —crea un instante de silencio para captar toda la atención—. Pero nunca usemos Su Gracia como salvoconducto para pecar. La sangre del cordero debía teñir los dinteles de la puerta de los hebreos como símbolo de protección[40], pero no se aplicaría la sangre sobre el suelo —insistió—, esa sangre estaría sobre el dintel derecho, también en el izquierdo y sobre el travesaño superior, pero no en el suelo, porque la sangre del cordero no debía ser pisada. No menospreciemos esa Sangre que derramó el Cordero de Dios. No nos burlemos de su vida derramada, que limpia y protege. No usemos Su Sangre como licencia para pecar.

»El segundo salvavidas fue el amor de muchos de vosotros. No voy a nombraros porque no quiero omitir a nadie y porque vosotros sabéis quiénes sois. Vuestras manos fueron la

---

39 Salmos 37:24 (DHH)

40 Ver Éxodo 12:7

mano de Dios agarrada a la mía; sonrisa del cielo también y el abrazo del Amado en la noche oscura del alma.

»Pero hay, sobre todo, una mano que en este tiempo aprendí a valorar y de la que ya no quiero soltarme. Nunca... No quiero soltarme nunca de tu mano . Tú me has enseñado que todos valemos más que el peor error que hayamos cometido».

Concluye, la mira y, ahora sí, rompe a llorar.

Surge un aplauso espontáneo y general cuando David, incapaz de articular una palabra más, desciende del altar buscando a Rebeca y los dos se funden en un abrazo interminable.

Son lágrimas que se mezclan y que confirman que reír juntos une, pero llorar juntos funde.

Ya en casa, mientras ella se cambia de ropa, él acude a su despacho, dobla sus rodillas y ora muy conmovido, sintiendo el abrazo de Dios.

Se tumba luego en el suelo y toma su teléfono en el que redacta un mensaje: «Gracias por acompañarnos en el servicio de hoy; no pude saludaros tras la reunión, pero os tuve muy presentes... os tengo muy presentes. Sois mis amigos. Nos vemos en nuestro encuentro de los miércoles, no imagináis cómo lo anhelo».

Concluida la redacción envía el texto a un grupo de WhatsApp con nombre peculiar: Grupo GAS.

Enseguida abre una caja grande y busca en ella hasta localizar su viejo álbum de *Especies vegetales del mundo*. Lo abre por la última página y admira el majestuoso árbol: un conjunto de troncos unidos, entrelazados y con la misma savia discurriendo a través de ellos.

«No caerá de nuevo... —solo lo susurra, pero con firme determinación—. La Secuoya no volverá a caer. No más cadáveres de impecable apariencia, sino siervos vivos cargados de esencia».

Se tumba sobre el mismo suelo, lanza una pierna al norte y otra al sur y cierra sus ojos. No hay mejor almohada que una conciencia tranquila, y se hubiera quedado dormido de no ser por el fuerte aleteo en su ventana.

La paloma de blanco plumaje lo saluda tras el cristal. David abre y el ave aún lo observa un momento antes de alzar el vuelo.

Apenas se eleva unos metros, cuando se gira y parece enviarle el más dulce y reparador de los mensajes: una invitación a alzar el vuelo en un cielo de purísima libertad.

La voz de Rebeca suena de fondo recordándole que la comida está lista. Esa dulce voz penetra por su oído y se posa en el alma con la suavidad de una pluma. Es el último rizo de una poderosa ola que alcanza la orilla. Lejos queda ya el tormentoso mar que lo tragaba.

Están juntos en la maravillosa ribera de la paz.

Terminé de escribir este libro el 17 de junio de 2020, mientras el mundo se debatía en medio de una espantosa pandemia con millones de infectados y cientos de miles de muertos.

Quiera Dios que las páginas de este volumen puedan llevar consuelo a los corazones de quienes perdieron seres queridos, así como a los que vieron quebrarse sueños y proyectos por esta crisis sanitaria de alcance mundial.

José Luis Navajo
Madrid

SOBRE EL AUTOR

JOSÉ LUIS NAVAJO comenzó a ejercer funciones pastorales siendo muy joven, a los 17 años. En la actualidad forma parte del cuerpo pastoral de la Iglesia Buen Pastor, en Madrid, y compagina esas actividades con un servicio intereclesial mediante el que imparte conferencias y ministra en el ámbito nacional e internacional. Así mismo, es profesor en el Seminario Bíblico de Fe, además de un reconocido escritor con diecisiete títulos publicados por diversos sellos editoriales.

José Luis y su esposa, Gene, llevan 34 años casados. Tienen dos hijas, Querit y Miriam, y tres nietos: Emma, Ethan y Oliver.